LES OFFICES
PROPRES
DE S. NICOLAS,
ÉVÊQUE DE MYRE,

A l'usage de Messieurs les Marchan s
de Vins de la Ville & Fauxbourgs de
Paris, dont la Confrérie est érigée en
l'Eglise de S. Jacques de l'Hôpital,
rue S. Denis.

Imprimés en Latin & en François

Par les soins de Messieurs ROBERT-NICOLAS
COCQUEVELLE, GUILLAUME-GABRIEL
LE RAT, ADRIEN BRISSET, CHARLES
GASCHÉ, Administrateurs en Charge de ladite
Confrérie en l'année 1750.

A PARIS,
De l'Imprimerie de VINCENT.

M. DCC. L.
Avec Approbation & Permission.

cahier appartien a
marie Coste diex
langedo la 1784

A MESSIEURS
LES
ADMINISTRATEURS
DE LA CONFRERIE
DU CORPS
DES MARCHANDS DE VINS
de la Ville & Fauxbourgs de Paris.

ESSIEURS,

*Vous avez toûjours rendu à votre
faint PATRON un culte ſi exact &
ſi religieux que j'ai tout lieu d'eſpérer*

ã ij

de vous être agréable en vous présen-
tant la Traduction de son Office. Je
ne pouvois, ce me semble, vous donner des marques plus sensibles de mon
attention & de mon estime, qu'en tra-
vaillant, autant que j'en ai été capable, à un Ouvrage qui pouvoit si bien
vous procurer les moyens de donner
l'essort à votre piété & à votre vertu.
Le bruit des Cantiques que vous chan-
tez avec tant d'édification à la gloire
de ce grand Saint, s'est fait entendre
jusqu'à ses oreilles; cet esprit de paix,
d'union, d'intelligence, & de bonne
foi qu'on voit régner parmi vous ne lui
est pas inconnu; les mains des Pauvres
que vous soulagez tous les jours dans
leurs pressans besoins, ont porté jus-
que devant lui les Aumônes que vous
leur distribuez si à propos. Enfin,
MESSIEURS, les soins avec lesquels vous avez procuré l'impression de

ÉPITRE.

ce Livre, font encore autant de preuves autentiques de cet esprit de ferveur,
qui, en soutenant la magnificence exté-
rieure, anime ce culte public que vous
rendez à votre glorieux PATRON,
dans le lieu Saint où votre célebre
Confrérie est établie. C'est donc pour
rendre hommage à tant d'actions de
Religion que je vous consacre aujour-
d'hui les fruits de mon petit travail :
recevez-les, je vous supplie, comme un
témoignage du respect & de l'attache-
ment avec lequel j'ai l'honneur d'être,

MESSIEURS,

Votre très-humble &
très-obéissant serviteur,
A. R. D.

ã iij

APPROBATION.

LEs Offices ci-deſſus ont été rapportés en l'Aſſemblée des Rits, & comme il n'y a rien qui ne ſoit tiré ou du Miſſel & Breviaire de Paris, ou des Offices déja approuvés & permis par ſon Eminence, pour les Egliſes de ſaint Nicolas des Champs & du Chardonnet ; on a jugé qu'ils pouvoient être célebrés & chantés en l'Egliſe de ſaint Jacques de l'Hôpital, pour la Confrérie des Marchands de Vins, y établie ſous l'invocation de ſaint Nicolas, s'il plaît à ſon Eminence Monſeigneur l'Archevêque de Paris d'en accorder la permiſſion. Donné à Paris en l'Aſſemblée des Rits tenue en l'Archevéché le Vendredi ſecond Juillet mil ſept cens dix-ſept.

F. VIVANT, Chanoine, Chancelier de l'Egliſe de Paris, & Vicaire Général de Monſeigneur l'Archevêque.

PERMISSION.

VEU le Certificat ci-deſſus, nous permettons de chanter publiquement les Offices y mentionnés, dans l'Egliſe de ſaint Jacques de l'Hôpital, comme auſſi permettons l'impreſſion d'iceux en ce qui nous concerne. Donné à Paris le troiſiéme de Juillet mil ſept cens dix-ſept.

† L. A. CARDINAL DE NOAILLES, Archevêque de Paris.

Par ſon Eminence, CHEVALIER.

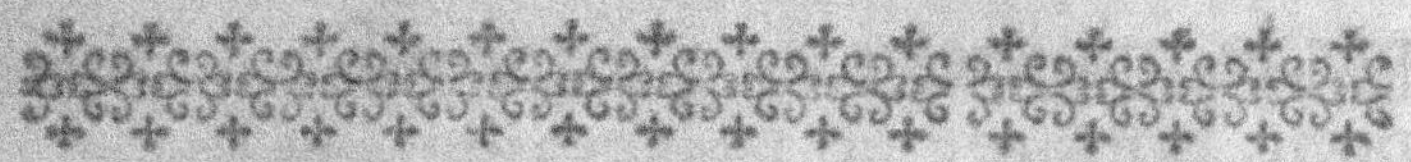

INSTRUCTION
POUR
LA SAINTE MESSE.

L E saint Sacrifice de la Messe étant
la plus grande & la plus importante
action de la religion Chrétienne, l'Eglise
conduite en toutes choses par le Saint-
Esprit, a toûjours regardé comme un
des principaux devoirs de ses enfans celui d'y assister. Elle leur en fait un pré-
cepte exprès pour les jours qu'elle a
consacrés au Seigneur, & elle souhaite
qu'ils n'en laissent passer aucuns sans
l'entendre.

Elle a recommandé à ses Pasteurs d'in-
struire souvent les Fidéles de la maniere
de la bien entendre ; c'est pourquoi on
a jugé à propos d'en donner ici une
courte instruction.

La Messe est le Sacrifice du Corps &
du Sang de JESUS-CHRIST, que l'Eglise

par le ministère du Prêtre offre à Dieu
pour honorer sa souveraine grandeur,
pour lui rendre grace de tous ses bienfaits, pour lui demander pardon de ses
péchés, & obtenir les graces dont on a
besoin pour le servir comme il faut.

Dans ce Sacrifice JESUS-CHRIST est
le grand Prêtre qui sacrifie & la Victime
qui est sacrifiée ; car c'est lui seul qui
rend à Dieu un légitime honneur & une
digne reconnoissance ; c'est lui seul qui
peut appaiser sa colere contre les hommes, & qui est capable d'attirer sur eux
ses bénédictions & ses miséricordes.

Mais comme l'Eglise est son Corps &
un Corps dont lui-même est le chef, en
l'offrant à Dieu, elle s'offre elle-même
avec lui, & tous les vrais Fidéles sont
comme autant de Sacrificateurs qui pren-
nent part à cette Oblation divine chacun
à sa maniere, comme étant renfermés
dans l'unité de JESUS-CHRIST avec
son Eglise dont ils sont les membres.

Il est vrai que tous ne consacrent pas,
cela n'appartenant qu'à ceux qui sont
légitimement ordonnés & destinés par-

ticulierement à une fonction si relevée : ils offrent au moins tous d'une même bouche, dans un même esprit, & pour les mêmes fins la Victime sainte, & le Prêtre ne la présente qu'en leur nom, & comme le Ministre destiné à la présenter pour eux : c'est pour cela que le Prêtre se tournant vers ceux qui sont présens, dit : *Mes Freres, priez notre Seigneur que mon Sacrifice & le vôtre soit agréable à Dieu le Pere tout-puissant.* Et dans le Canon il recommande tout le peuple à Dieu, par ces paroles : *Seigneur, souvenez-vous de tous ceux qui sont ici présens, pour qui nous vous offrons, ou qui vous offrent eux-mêmes ce Sacrifice de louange.*

Mais il est important de remarquer que plus l'avantage des Chrétiens est grand d'être associés à JESUS-CHRIST dans l'Oblation qu'il fait de soi-même à son Pere, & d'avoir pour hostie de leur sacrifice celui-là même qui est son Fils bien-aimé, & en qui seul il a mis toute sa complaisance; plus aussi ceux qui osent l'offrir avec un cœur impur & des mains souillées sont coupables & irritent Dieu, au lieu de l'appaiser & de lui plaire.

Il seroit donc à propos de s'éprouver soi-même avant la Messe, & si on se sent criminel, se purifier par le sacrifice d'un cœur contrit & humilié, se laver dans ses larmes, renoncer de tout son cœur au péché, & n'user qu'avec tremblement de l'indulgence de l'Eglise, qui permet aux pécheurs qui veulent sincérement se convertir, d'être présens au sacrifice du Corps de leur Sauveur, dont autrefois elle les éloignoit.

L'humble reconnoissance de son indignité, jointe à la haine & à la détestation des crimes dont on est coupable, rendra utile au pécheur pénitent l'Oblation de l'Agneau qui est venu pour effacer les péchés du monde.

La meilleure maniere d'entendre la sainte Messe, est de s'attacher attentivement à tout ce que le Prêtre fait ou dit, & de son côté faire & dire les mêmes choses autant qu'il est possible ; c'est pourquoi toutes les fois que le Prêtre dit *Prions*, c'est pour vous avertir de renouveller votre attention , & de vous joindre à lui dans la priére que vous faites par lui : il n'eſt pas tems d'avoir alors une priére particuliere ; il faut que toutes les autres Oraiſons ceſſent quand le Prêtre prie & offre le Sacrifice pour tous : il faut que vous ſoyez attentifs à la priére qu'il va faire à Dieu pour vous & pour tous les aſſiſtans , & que vous penſiez au Sacrifice , en l'offrant & vous offrant par le Prêtre dans l'eſprit & dans l'union de l'Egliſe.

Ce ſont là les raiſons pour leſquelles on a mis au commencement de cet Office l'Ordinaire de la ſainte Meſſe , qui ſera fort utile à ceux & celles qui déſirent ſe ſanctifier de plus en plus.

Ayez donc un ſoin très-particulier d'aſſiſter tous les jours à ces redoutables Myſtères ; l'Agneau de Dieu y eſt immolé ; les Seraphins y ſont préſens , le viſage couvert de leurs aîles ; tous les Anges prient pour vous avec le Prêtre ; le feu ſpirituel deſcend du Ciel ; le ſang eſt tiré de l'Agneau ſans tache , pour être mis dans le Calice , afin qu'il ſerve à vous purifier. Quelle excuse pouvez-vous apporter ? quelle occupation si nécessaire & si pressante pouvez vous avoir, qu'elle ne vous permette point d'employer au plus une demie heure par jour pour un avantage aussi considérable qu'est celui qui vous revient de cette seule action ? S. Thomas d'Aquin, après avoir dit la Messe, avoit coutume d'en servir une autre ; & il avoua à S. Bonaventure, son intime ami, qu'il avoit plus acquis par-là de lumieres que par toutes ses études.

L'ORDINAIRE

L'ORDINAIRE DE LA MESSE.

Le Prêtre étant au pié d de l'Autel, fait le signe de la Croix, en difant :

In nomine Patris, & Filii, & Spiritus Sancti. Amen.

Introïbo ad altare Dei.

℞. Ad Deum qui lætificat juventutem meam.

JUdica me Deus, & difcerne caufam meam de gente non fancta : ab homine iniquo & dolofo erue me.

Au Nom du Pere, & du Fils, & du Saint-Efprit. Ainfi foit-il.

J'entrerai jufqu'à l'Autel de Dieu,

℞. Jufqu'à Dieu même qui remplit de joie ma jeuneffe.

JUgez - moi , mon Dieu, & faites le difcernement de ma caufe d'avec la nation qui n'eft pas fainte ; délivrez-moi de l'homme injufte & trompeur.

A

℞. Puisque vous êtes ma force, ô mon Dieu ! pourquoi m'avez-vous repoussez, & pourquoi me vois-je réduit à marcher dans la tristesse pendant que mon ennemi m'afflige.

Répandez sur moi votre lumiere & votre verité ; elles me conduiront & m'ameneront jusqu'à votre montagne sainte, & à vos Tabernacles.

℞. Et j'entrerai jusqu'à l'Autel de Dieu ; jusqu'à Dieu même qui remplit de joie ma jeunesse.

O Dieu, ô mon Dieu ! je vous louerai sur la harpe : Pourquoi mon ame êtes-vous triste ? & pourquoi me troublez-vous ?

℞. Esperez en Dieu ; car je le louerai enco-

℞. Quia tu es Deus fortitudo mea : quare mé repulisti, & quare tristi, incedo dum affligit me inimicus ?

Emitte lucem tuam & veritatem tuam : ipsa me deduxerunt, & adduxerunt in montem sanctum tuum & in tabernacula tua.

℞. Et introibo ad altare Dei ; ad Deum qui lætificat juventutem meam.

Confitebor tibi in citharâ, Deus, Deus meus : Quare tristis es anima mea ? & quare conturbas me ?

℞. Spera in Deo, quoniam adhuc confitebor illi : falutare vultus mei, & Deus meus.

Gloria Patri, & Filio, & Spiritui fancto :

℟. Sicut erat in principio & nunc & femper, & in fæcula fæculorum. Amen.

Introibo ad altare Dei.

℟. Ad Deum qui lætificat juventutem meam.

Adjutorium noftrum in nomine Domini.

℟. Qui fecit cœlum & terram.

COnfiteor Deo omnipotenti, beatæ Mariæ femper Virgini, beato

re : C'est lui qui est le falut & la lumiere de mon vifage, il est mon Dieu.

Gloire foit au Pere, au Fils, & au Saint-Efprit :

℟. Comme elle étoit dès le commenfement, comme elle est à prefent, comme elle fera toûjours, & dans tous les fiécles des fiécles. Ainfi foit-il.

J'entrerai jufqu'à l'Autel de Dieu.

℟. Jufqu'à Dieu même qui remplit de joie ma jeuneffe.

Notre fecours est dans le Nom du Seigneur.

℟. Qui a fait le Ciel & la terre.

JE confeffe à Dieu Tout-puiffant, à la bien-heureufe Marie toûjours Vierge, à faint

Michel Archange , à saint Jean-Baptiste, aux Apôtres saint Pierre & saint Paul , à tous les Saints , & à vous , mes Freres , que j'ai beaucoup péché par pensées, par paroles , & par actions ; Je m'en sens coupable , je m'en reconnois coupable , je m'en avoue très-coupable : C'est pourquoi je supplie la bien-heureuse Marie toûjours Vierge, saint Michel Archange, saint Jean-Baptiste , les Apôtres saint Pierre & saint Paul , tous les Saints , & vous , mes Freres , de prier pour moi le Seigneur notre Dieu.

Michaeli Archangelo, beato Joanni-Baptistæ , Sanctis Apostolis Petro & Paulo, omnibus Sanctis , & vobis Fratres , quia peccavi nimis cogitatione verbo & opere: meâ culpâ, meâ culpâ, meâ maximâ culpâ. Ideò precor beatam Mariam semper Virginem , beatum Michaelem Archangelum, beatum Joannem-Baptistam, sanctos Apostolos Petrum & Paulum, omnes Sanctos, & vos Fratres , orare pro me ad Dominum Deum nostrũ.

℟. QUe Dieu Tout-puissant ait pitié de vous ; & qu'après

℟. MIsereatur tuî omnipotens Deus ; & dimiſſis peccatis tuis, perducat te ad vitam æternam. Amen.

vous avoir pardonné vos péchés, il vous conduiſe à la vie éternelle.

Ainſi ſoit-il.

COnfiteor Deo omnipotenti, beatæ Mariæ ſemper Virgini, beato Michaeli Archangelo, beato Joanni-Baptiſtæ, ſanctis Apoſtolis Petro & Paulo, omnibus Sanctis, & tibi Pater, quia peccavi nimis cogitatione verbo & opere : meâ culpâ, meâ culpâ, mea maximâ culpâ. Ideò precor beatam Mariam ſemper Virginem, beatum Michaelem Archangelum, beatum Joannem-Baptiſtam, ſan-

JE confeſſe à Dieu Tout-puiſſant, à la bien-heureuſe Marie toûjours Vierge, à ſaint Michel Archange, à S. Jean-Baptiſte, aux Apôtres ſaint Pierre & ſaint Paul, à tous les Saints, & à vous mon Pere, que j'ai beaucoup péché par penſées, par paroles, & par actions; Je m'en ſens coupable, je m'en reconnois coupable, je m'en avoue très-coupable : C'eſt pourquoi je ſupplie la bien-heureuſe Marie toûjours Vierge, ſaint Michel Archange, ſaint Jean-Baptiſt, les Apôtres ſaint Pierre & ſaint Paul, tous les Saints, & vous mon Pere, de prier

pour moi le Seigneur
notre Dieu.

ctos Apoſtolos Pe-
*trum & Paulum,
omnes Sanctos, &
te Pater, orare pro
me ad Dominum
Deum noſtrum.*

Le Prêtre dit :

QUe Dieu Tout-
puiſſant ait pitié
de vous ; & qu'après
vous avoir pardonné
vos péchés, il vous
conduiſe à la vie éter-
nelle.

℟. Ainſi ſoit-il.

QUe le Seigneur
Tout-puiſſant &
miſéricordieux nous ac-
corde le pardon, l'ab-
ſolution & la rémiſſion
de nos péchés.

℟. Ainſi ſoit-il.

O Dieu, vous vous
tournerez vers nous, &
vous nous donnerez la
vie.

*MIſereatur ve-
ſtri omnipo-
tens Deus, & dimiſ-
ſis peccatis veſtris,
perducat vos ad vi-
tam æternam.*

℟. *Amen.*

*INdulgentiam ,
abſolutionem ,
& remiſſionem pec-
catorum noſtrorum
tribuat nobis omni-
potens & miſericors
Dominus.*

℟. *Amen.*

*Deus , tu conver-
ſus vivificabis nos.*

℟. Et plebs tua lætabitur in te.

Ostende nobis, Domine, misericordiam tuam.

℟. Et salutare tuum da nobis.

Domine, exaudi orationem meam.

℟. Et clamor meus ad te veniat.

Dominus vobiscum.

℟. Et cum spiritu tuo.

℟. Et votre peuple se réjouira en vous.

Montrez-nous, Seigneur, votre miséricorde.

℟. Et accordez-nous votre assistance salutaire.

Seigneur, écoutez ma priere.

℟. Et que mes cris s'elevent jusqu'à vous.

Le Seigneur soit avec vous.

℟. Et avec votre esprit.

Le Prêtre étant au bas de l'Autel dit :

OREMUS.

AUfer à nobis, quæsumus Domine, iniquitates nostras ; ut ad Sancta sanctorum puris mereamur mentibus introire ; per Christum Dominum nostrum. ℟. Amen.

PRIONS.

EFfacez, s'il vous plaît, Seigneur, nos iniquités ; afin que nous puissions entrer dans le Sanctuaire avec un cœur pur ; Par Jesus-Christ notre Seigneur.

℟. Ainsi soit-il.

Le Prêtre baisant l'Autel dit :

Nous vous prions, Seigneur, par les mérites de vos Saints dont les Reliques sont ici, & de tous les Saints, d'avoir la bonté de me pardonner tous mes péchés.

℞. Ainsi soit-il.

Oramus te, Domine, per merita Sanctorum tuorum, quorum reliquiæ hîc sunt, & omnium Sanctorum, ut indulgere digneris omnia peccata mea,

℞. Amen.

A la Messe solemnelle le Prêtre bénit l'encens, en disant :

Soyez béni par celui en l'honneur de qui vous serez brûlé.

℞. Ainsi soit-il.

Ab illo benedicaris in cujus honore cremaberis.

℞. Amen.

Le Prêtre faisant le signe de la Croix, lit l'Introït ; & ensuite dit :

Seigneur, ayez pitié de nous.

℞. Seigneur, ayez pitié de nous.

*Seigneur, ayez pitié de nous.

Kyrie eleison.

℞. Kyrie eleison.

Kyrie eleison.

℞. Christe elei-
son.

Christe eleison.

℞. Christe elei-
son.

Kyrie eleison.

℞. Kyrie eleison.

Kyrie eleison.

℞. Christ, ayez pitié
de nous.

Christ, ayez pitié de
nous.

℞. Christ, ayez pitié
de nous.

Seigneur, ayez pitié
de nous.

℞. Seigneur, ayez
pitié de nous.

Seigneur, ayez pitié
de nous.

Le Prêtre dit le Cantique suivant.

Gloria in ex-
celsis Deo :
Et in terra pax
hominibus bonæ
voluntatis.
Laudamus te.
Benedicimus te.
Adoramus te.
Glorificamus te.
Gratias agimus
tibi propter mag-
nam gloriam tuam.

Gloire à Dieu dans
le Ciel :
Et paix sur la tètre
aux hommes de bonne
volonté.
Nous vous louons.
Nous vous bénissons.
Nous vous adorons.
Nous vous glorifions.
Nous vous rendons
graces dans la vûe de
votre gloire suprême.

Seigneur Dieu, Roi du Ciel, Dieu Pere Tout-puissant.

Domine Deus Rex cœlestis, Deus Pater omnipotens.

Seigneur Jesus-Christ Fils unique.

Domine Fili unigenite Jesu-Christe;

Seigneur Dieu, Agneau de Dieu, Fils du Pere:

Domine Deus, Agnus Dei, Filius Patris:

Vous qui effacez les péchés du monde, ayez pitié de nous.

Qui tollis peccata mundi, miserere nobis.

Vous qui effacez les péchés du monde, recevez notre priere.

Qui tollis peccata mundi, suscipe deprecationem nostram.

Vous qui êtes assis à la droite du Pere, ayez pitié de nous.

Qui sedes ad dexteram Patris, miserere nobis.

Car vous seul êtes saint:

Quoniam tu solus sanctus.

Vous seul êtes Seigneur:

Tu solus Dominus.

Vous seul êtes Très-haut, ô Jesus-Christ:

Tu solus Altissimus, JESU-CHRISTE,

Avec le Saint-Esprit,

Cum Sancto Spiritu, in gloria Dei Patris.

Amen.

dans la gloire de Dieu le Pere.

Ainſi ſoit-il.

Le Prêtre ſe tourne vers le peuple, & dit :

Dominus vobiſcum.

℞. Et cum ſpiritu tuo.

Le Seigneur ſoit avec vous.

℞. Et avec votre eſprit.

Puis il dit une ou pluſieurs Oraiſons ; après cela l'Epître, le Graduel, l'Alleluia, avec le Verſet & la Proſe.

Le Diacre aux Meſſes ſolemnelles met le Livre des Evangiles au milieu de l'Autel, & étant à genoux devant l'Autel, il dit :

Munda cor meum ac labia mea, omnipotens Deus, qui labia Iſaïæ Prophetæ calculo mundaſti ignito : ita me tuâ gratâ miſeratione dignare mundare, ut ſanctum Evangelium tuum dignè &

Purifiez mon cœur & mes lévres, Dieu Tout-puiſſant, vous qui avez purifié avec un charbon ardent les lévres du Prophete Iſaïe; daignez me purifier par votre miſéricorde, afin que je puiſſe annoncer dignement votre ſaint Evangile : Par

Jesus-Christ notre Seigneur. Ainsi soit-il.

competenter valeã nuntiare; Per Christum Dominum nostrum. Amen.

Il prend le Livre de dessus l'Autel, & étant à genoux, il demande la Bénédiction au Prêtre, en disant :

Mon Père donnez-moi votre bénédiction.

Jube, domne, benedicere.

Que le Seigneur soit dans votre cœur & sur vos lévres, afin que vous annonciez dignement & comme il faut l'Evangile, au nom du Pere, & du Fils, & du Saint-Esprit. Ainsi soit-il.

Dominus sit in corde tuo, & in labiis tuis, ut dignè & competenter annunties Evangeliũ, in nomine Patris, & Filii, & Spiritus sancti. Amen.

Ensuite il benit l'encens, en disant :

Soyez béni par celui en l'honneur de qui vous serez brûlé. Ainsi soit-il.

Ab illo benedicaris in cujus honore cremaberis. Amen.

Le Diacre avant que de chanter l'Evangile, dit :

Le Seigneur soit avec vous.

Dominus vobiscum.

℟. Et cum spiritu tuo.

℟. Et avec votre esprit.

Sequentia sancti Evangelii secundùm N.

Suite du saint Evangile selon saint N.

℟. Gloria tibi, Domine.

℟. Gloire soit à vous, Seigneur.

Après l'Evangile le Soûdiacre porte le Livre au Prêtre, en disant :

Hæc sunt verba sancta.

Ces paroles sont les paroles saintes.

Le Prêtre en baisant l'Evangile, dit :

Credo & Confiteor.

Je le croi & je le confesse.

Dans les Messes basses le Prêtre dit : Purifiez mon cœur, comme ci-dessus.

Jube, domne, benedicere.

Seigneur, donnez-moi votre bénédiction.

Dominus sit in corde meo, & in labiis meis, ut dignè & competenter annuntiem Evangelium suum. Amen.

Que le Seigneur soit dans mon cœur & sur mes lévres, afin que j'annonce dignement & comme il faut son saint Evangile. Ainsi soit-il.

Le Prêtre après avoir lû l'Evangile, dit en le baisant:

Que nos péchés soient effacés par les paroles du saint Evangile.

Per Evangelica dicta deleantur nostra delicta.

Ensuite le Prêtre dit le Symbole.

JE croi en un seul Dieu, le Pere Tout-puissant, qui a fait le Ciel & la terre, & toutes les choses visibles & invisibles : Et en un seul Seigneur Jesus-Christ, Fils unique de Dieu ; qui est né du Pere avant tous les siécles : Dieu de Dieu, lumière de lumière, vrai Dieu de vrai Dieu : Qui n'a pas été fait, mais engendré, consubstantiel au Pere ; par lequel toutes choses ont été faites. Qui est descendu des Cieux pour nous hommes miserables, & pour notre salut ;

CRedo in unum Deum, Patrem omnipotentem, factorem cœli & terræ, visibilium omnium & invisibilium : Et in unum Dominum Jesum Christum, Filium Dei unigenitum ; & ex Patre natum ante omnia sæcula : Deum de Deo, lumen de lumine, Deum verum de Deo vero : Genitum non factum, consubstantialem Patri ;

per quem omnia facta sunt; Qui propter nos homines, & propter nostram salutem descendit de cœlis, & incarnatus est de Spiritu sancto ex Maria virgine, ET HOMO FACTUS EST. Crucifixus etiam pro nobis sub Pontio Pilato, passus, & sepultus est; & resurrexit tertiâ die secundùm scripturas; & ascendit in cœlum, sedet ad dexteram Patris; & iterùm venturus est cum gloria judicare vivos & mortuos : cujus regni non erit finis. Et in Spiritum sanctum Dominum, & vivificantem; qui ex Patre Filioque

& a été incarné en prenant chair de la Vierge Marie par l'opération du Saint-Esprit, & A ÉTÉ FAIT HOMME. Qui a été aussi crucifié pour nous sous Ponce Pilate ; qui a souffert, qui a été mis dans le sepulcre. Qui est ressuscité le troisiéme jour selon les Ecritures. Qui est monté au Ciel, qui est assis à la droite du Pere. Qui viendra de nouveau, plein de gloire, juger les vivans & les morts ; & dont le régne n'aura point de fin. Je croi au Saint-Esprit qui est aussi Seigneur, & qui donne la vie, qui procede du Pere & du Fils ; qui est adoré & glorifié conjointement avec le Pere & le Fils : qui a parlé par les Prophetes. Je croi l'Eglise qui est Une, Sainte, Catholique & Apostolique. Je confesse qu'il y a un Baprême pour la rémission des péchés. Et j'attens la résurrection des morts, & la vie du siécle à venir. Ainsi soit-il.

procedit, qui cum Patre & Filio simul adoratur, & conglorificatur, qui locutus est per Prophetas. Et unam sanctam Catholicam & Apostolicam Ecclesiam. Confiteor unum Baptisma in remissionem peccatorum. Et expecto resurrectionem mortuorum, & vitam venturi sæculi. Amen.

Le Prêtre se tourne vers le peuple, & dit :

Le Seigneur soit avec vous.

Dominus vobiscum.

℟. Et avec votre esprit.

℟. Et cum spiritu tuo.

Après avoir dit Oremus, il dit l'Offertoire.

Ensuite il offre le Pain qui doit être consacré, en disant :

REcevez, Pere saint, Dieu Tout puissant & éternel, cette Hostie sans tache que je vous offre, moi qui suis vo-

SUscipe, sancte Pater, omnipotens, æterne Deus, hanc immaculatam hostiam, quam ego indignus famulus tuus offero tibi Deo meo vivo & vero, pro innumerabilibus peccatis & offensionibus & negligentiis meis, & pro omnibus circunstantibus, sed & pro omnibus fidelibus Christianis vivis atque defunctis; ut mihi & illis proficiat ad salutem in vitam æternam. Amen.

tre indigne serviteur, à vous qui êtes mon Dieu vivant & veritable, pour mes péchés, mes offenses, & mes négligences qui sont sans nombre; pour tous les assistans, & pour tous les fideles Chrétiens vivans & morts, afin qu'elle me profite & à eux pour le salut & la vie éternelle. Ainsi soit-il.

Ensuite il met le vin & l'eau dans le Calice en disant:

DEus, qui humanæ substantiæ dignitatem mirabiliter condidisti, & mirabiliùs reformasti: da no-

O Dieu, qui avez créé l'homme d'une maniere admirable dans un état noble, & qui après sa chûte l'avez réparé d'une maniere encore plus admirable ; faites que par le mystere de cette eau & de ce vin, nous ayons part à la Divinité de celui qui a daigné se faire participant de notre humanité, JESUS-CHRIST votre Fils, notre Seigneur ; Qui étant Dieu, vit & regne avec vous en l'unité du Saint-Esprit, dans tous les siécles des siécles. Ainsi soit-il.

bis per hujus aquæ & vini mysterium, ejus divinitatis esse consortes, qui humanitatis nostræ fieri dignatus est particeps, JESUS-CHRISTUS Filius tuus Dominus noster ; Qui tecum vivit & regnat in unitate Spiritus sancti Deus, per omnia sæcula sæculorum. Amen.

Offrant le Calice, il dit :

SEigneur, nous vous offrons le Calice de Salut, suppliant votre clémence de le faire monter en odeur de suavité en présence de votre divine Majesté, pour notre salut, & pour celui de tout le monde. Ainsi soit-il.

OFferimus tibi, Domine, Calicem salutaris, tuam deprecantes clementiam, ut in conspectu divinæ Majestatis tuæ pro nostra & totiu mundi salute cum odore suavitatis afcendat. Amen.

In fpiritu humilitatis, & in animo contrito fufcipiamur à te, Domine; & fic fiat facrificium noftrum in confpectu tuo hodie, ut placeat tibi, Domine Deus.

Nous nous préfentons devant vous avec un efprit humilié & un cœur contrit; recevez-nous, Seigneur, & faites que notre Sacrifice s'accompliffe de telle forte aujourd'hui en votre préfence, qu'il vous foit agréable, Seigneur qui êtes notre Dieu.

VEni, fanctificator omnipotens, æterne Deus, & benedic hoc Sacrificium tuo fancto nomini præparatum.

VEnez, Sanctificateur Tout-puiffant, Dieu éternel; & béniffez ce Sacrifice préparé pour la gloire de votre Saint Nom.

Il bénit l'Encens, en difant :

Per interceffionem beati Archangeli ftantis à dextris altaris incenfi, & omnium electorum fuorum, dignetur

Que par l'interceffion du bien-heureux Archange qui eft debout à la droite de l'Autel des parfums, le Seigneur daigne bénir cet encens, & le recevoir en odeur de suavité : Par Jesus-Christ notre Seigneur.

℟. Ainsi soit-il.

Dominus incensum istud benedicere, & in odorem suavitatis accipere ; Per Christum Dominum nostrum. ℟. Amen.

Il encense les Offrandes, en disant :

Que cet encens que vous avez béni monte vers vous, Seigneur ; & que votre miséricorde descende sur nous.

Incensum istud à te benedictum ascendat ad te, Domine ; & descendat super nos misericordia tua.

Il encense l'Autel, en disant :

Que ma priere, Seigneur, s'éleve vers vous comme la fumée de l'encens ; que l'elevation de mes mains vous soit agreable comme le sacrifice du soir. Mettez, Seigneur, une garde à ma bouche, & une porte à mes levres. Ne souffrez point que

Dirigatur, Domine, oratio mea sicut incensum in conspectu tuo : elevatio manuum mearum sacrificium vespertinum. Pone, Domine, custodiam ori meo, & ostium circunstantiæ labiis meis. Non declines cor meum in verba malitiæ, ad excusandas excusationes in peccatis.

mon cœur se laisse aller à des paroles de malice pour chercher des excuses à mes péchés.

En rendant l'Encensoir au Diacre, il dit:

Accendat in nobis Dominus ignem sui amoris, & flammam æternæ caritatis. Amen.

Que le Seigneur allume en nous le feu de son amour, & qu'il nous enflâme d'une charité éternelle. Ainsi soit-il.

Il lave ses doigts, en disant:

Lavabo inter innocentes manus meas; & circumdabo altare tuum, Domine:

Ut audiam vocem laudis, & enarrem universa mirabilia tua.

Domine, dilexi decorem domûs tuæ, & locum habitationis gloriæ tuæ.

Je laverai mes mains dans la compagnie des innocens; & je me tiendrai, Seigneur, autour de votre Autel;

Afin que j'entende la voix de vos louanges, & que je raconte moi-même toutes vos merveilles.

Seigneur, j'ai aimé la beauté de votre Maison, & le lieu où habite votre gloire.

Ne perdez pas, ô mon Dieu, mon ame avec les impies, ni ma vie avec les hommes qui sont sanguinaires :

De qui les mains sont toutes souillées d'iniquités ; & dont la droite est remplie de presens.

Car pour moi j'ai marché dans mon innocence, daignez me racheter, & avoir pitié de moi.

Mon pied est demeuré ferme dans la droiture de la justice : Je vous benirai, Seigneur, dans les assemblées. *Pf. 25.*

Gloire soit au Pere.

Ne perdas cum impiis, Deus, animam meam, & cum viris sanguinum vitam meam :

In quorum manibus iniquitates sunt : dextera eorum repleta est muneribus.

Ego autem in innocentia mea ingressus sum ; redime me, & miserere mei.

Pes meus stetit in directo : in Ecclesiis benedicam te, Domine. *Pf. 25.*

Gloria Patri, &c.

Le Prêtre s'inclinant, dit :

REcevez, Trinité sainte, cette oblation que nous vous offrons en mémoire de

SUscipe, sancta Trinitas, hanc oblationem, quam tibi offerrimus ob memoriam Passionis, Resurrectionis, & Ascensionis JESU CHRISTI Domini nostri; & in honorem beatæ Mariæ Virginis, & beatæ Joannis-Baptistæ & sanctorum Apostolorum Petri & Pauli, & istorum, & omnium Sanctorum; ut illis proficiat ad honorem, nobis autem ad salutem, & illi pro nobis intercedere dignentur in cœlis, quorum memoriam agimus in terris : Per eundem Christum Dominum nostrum. Amen.

ORate, Fratres, ut meum, ac vestrum Sacrificium

la Passion, de la Résurrection & de l'Ascension de JESUS-CHRIST notre Seigneur ; & en l'honneur de la bien-heureuse Marie toûjours Vierge, de saint Jean-Baptiste, des Apôtres S. Pierre & S. Paul, de ceux-ci, & de tous les Saints ; afin qu'elle soit à leur honneur & pour notre salut ; & que ceux dont nous faisons la mémoire sur la terre, daignent intercéder pour nous dans le Ciel. Par le même JESUS-CHRIST nôtre Seigneur. Ainsi soit-il.

PRiez, mes Freres, que mon Sacrifice, qui est aussi le vôtre, soit agréable à Dieu le Pere Tout-puissant.

acceptabile fiat apud Deum Patrem omnipotentem.

℞. Que le Seigneur reçoive ce Sacrifice de vos mains pour l'honneur & la gloire de son saint Nom, pour notre utilité, & pour celle de toute son Eglise sainte.

℞. Suscipiat Dominus hoc Sacrificium de manibus tuis, ad laudem & gloriam Nominis sui, ad utilitatem quoque nostram, totiusque Ecclesiæ suæ sanctæ.

Le Prêtre ayant répondu Amen, dit une ou plusieurs Secrettes, à la fin desquelles il dit la Préface.

Dans tous les siécles des siécles.

℞. Ainsi soit-il.

Le Seigneur soit avec vous.

℞. Et avec votre esprit.

Elevez vos cœurs.

℞. Nous les avons élevez au Seigneur.

Per omnia sæcula sæculorum.

℞. Amen.

Dominus vobiscum.

℞. Et cum spiritu tuo.

Sursum corda.

℞. Habemus ad Dominum.

Gratias

Gratias agamus Domino Deo nostro.

Rendons graces au Seigneur notre Dieu.

℞. Dignum & justum est.

℞. Cela est juste & raisonnable.

VErè dignum & justum est, æquum & salutare, nos tibi semper & ubique gratias agere, Domine sancte, Pater omnipotens, æterne Deus, per Christum Dominū nostrum; per quem Majestatem tuam laudant Angeli, adorant Dominationes, tremunt Potestates: Cœli Cœlorumque Virtutes ac beata Seraphim, sociâ exultatione concelebrant. Cum quibus & nostras voces ut admitti ju-

VEritablement il est juste & raisonnable, équitable & salutaire de vous rendre graces en tout tems & en tout lieu, Seigneur saint, Père Tout-puissant, Dieu éternel, par Jesus-Christ notre Seigneur, par qui les Anges louent votre Majesté, les Dominations l'adorent, les Puissances l'honorent par un tremblement respectueux; les Cieux & les vertus des Cieux, & les bien-heureux Seraphins en célebrent tous ensemble la gloire avec des transports de joye. Nous vous prions de recevoir aussi nos voix avec les louanges de

C

ces biens-heureux Esprits, en disant par une humble confession :

Saint, Saint, Saint est le Seigneur, le Dieu des armées. Votre gloire remplit le Ciel & la terre, hosanna, salut & gloire au plus haut des Cieux. Béni soit celui qui vient au Nom du Seigneur, hosanna, salut & gloire an plus haut des Cieux.

beas deprecamur, supplici confessione dicentes :

Sanctus, Sanctus, Sanctus Dominus Deus sabaoth. Pleni sunt cœli & terra gloriâ tuâ, hosanna in excelsis, Benedictus qui venit in nomine Domini, hosanna in excelsis.

CANON DE LA MESSE.

NOus vous prions donc avec une humilité profonde, Pere très-miséricordieux, & nous vous demandons par JSEUS-CHRIST votre Fils notre Seignenr, d'avoir agréable & de bénir ces dons, ces présens, ces

TE igitur, clemêtissime Pater, per Jesum Christum Filium tuum Dominumnostrum, supplicesterogamus ac petimus, uti accepta habeas, & benedicas hæc†dona, hæc † munera, hæc † sancta Sacrificia illibata, in primis quæ tibi offerimus pro Ecclesia tua sancta Catholica , quam pacificare , custodire , adunare & regere digneris toto orbe terrarum : unà cum famulo tuo Papa nostro N. & Antistite nostro N. & Rege nostro N. & omnibus orthodoxis, atque Catholicæ & Apostolicæ fidei cultoribus.

saints Sacrifices sans tache , que nous vous offrons principalement pour votre sainte Eglise Catholique , afin qu'il vous plaise de lui donner la paix , de la protéger , de la conserver dans l'union , & de la gouverner dans toute la terre : & ensemble notre Pape N. votre serviteur, notre Prélat N. notre Roi N. & tous ceux dont la créance est orthodoxe , & qui font profession de la Foy Catholique & Apostolique.

Mémoire des Vivans.

MEmento, Domine , famulorum famularumque tuarum.

SOuvenez-vous , Seigneur , de vos serviteurs & de vos servantes.

Le Prêtre fait mémoire de ceux pour qui il veut prier.

Et de tous ceux qui font ici présens, dont vous connoissez la foi & la dévotion, pour qui nous vous offrons, ou qui vous offrent ce Sacrifice de louange, pour eux & pour tous ceux qui leur appartiennent, pour le rachat de leur ame, pour l'espérance de leur salut & de leur conservation, & qui vous rendent leurs vœux à vous, Dieu éternel, vivant & véritable.

ENtrant dans l'union sainte, & honorant la mémoire, premiérement de la glorieuse Marie toûjours Vierge, Mere de Jesus-Christ notre Sei-

Et omnium circumstantium, quorum tibi fides cognita est, & nota devotio, pro quibus tibi offerimus, vel qui tibi offerunt hoc Sacrificium laudis, pro se suisque omnibus, pro redemptione animarum suarum, pro spe salutis & incolumitatis suæ : tibique reddunt vota sua æterno Deo vivo & vero.

COmmunicantes, & memoriam venerantes, imprimis gloriosæ semper Virginis Mariæ Genitricis Dei &

Domini noſtri Jesu Christi ; ſed & beatorum Apoſtolorum , ac Martyrum tuorum Petri & Pauli , Andreæ, Jacobi , Joannis , Thomæ , Jacobi , Philippi , Bartholomæi , Matthæi, Simonis & Thadæi , Lini , Cleti , Clementis, Xyſti, Cornelii, Cypriani, Laurentii , Chryſogoni, Joannis & Pauli , Coſmæ & Damiani; & omnium Sanctorum tuorum ; quorū meritis precibuſque concedas, ut in omnibus protectionis tuæ muniamur auxilio ; per eumdem Chriſtum Dominū noſtrum. Amen.

gneur & notre Dieu ; de vos bien-heureux Apôtres & Martyrs, Pierre , Paul , André, Jacques , Jean , Thomas , Jacques, Philippe, Barthelemy , Matthieu, Simon & Thadée , Lin , Clete , Clement, Xyſte, Corneille , Cyprien , Laurent , Chryſogone , Jean & Paul , Côme & Damien , & de tous vos Saints , aux mérites & aux priéres deſquels accordez , s'il vous plaît , qu'en toutes choſes nous ſoyons ſoutenus du ſecours de votre protection ; par le même Jesus-Christ notre Seigneur. Ainſi ſoit-il.

NOus vous prions donc, Seigneur, de recevoir favorablement cette offrande de notre servitude, qui est aussi l'offrande de toute votre famille, & d'établir nos jours dans votre paix ; & de faire, qu'étant préservés de la damnation éternelle, nous soyons comptés au nombre de vos Elûs ; Par JESUS-CHRIST, notre Seigneur. Ainsi soit-il.

NOus vous prions, ô Dieu, de vouloir bénir cette Oblation, de l'approuver, la confirmer, & de faire qu'il n'y ait rien en elle qui ne soit convenable, & qui ne la rende digne d'être reçue ; en sorte qu'elle devienne pour nous le

HAnc igitur oblationem servitutis nostræ, sed & cunctæ familiæ tuæ, quæsumus, Domine, ut placatus accipias, diesque nostros in tuâ pace disponas ; atque ab æternâ damnatione nos eripi, & in Electorum tuorum jubeas grege numerari ; Per Christum Dominum nostrum. Amen.

QUam oblationem, tu Deus, in omnibus, quæsumus, bene†dictam, adscrip†tam, ra-†tam, rationabilem, acceptabilemque facere digneris ; ut nobis Cor†pus, & San†guis fiat dilectissimi Filii tui Domini nostri JESU CHRISTI :

QUi pridiè quã pateretur, accepit panem in sanctas ac venerabiles manus suas ; & elevatis oculis in cœlum, ad te Deum Patrem suum omnipotentem, tibi gratias agens, bene†dixit, fregit, deditque Discipulis suis, dicens : Accipite & manducate ex hoc omnes ;

HOC EST ENIM CORPUS MEUM.

SImili modo postquam cœnatum est, accipiens & hunc præclarum Calicem in sanctas

Corps & le Sang de votre très-cher Fils notre Seigneur JESUS-CHRIST ;

QUi la veille du jour qu'il souffrit la mort, prit le pain dans ses mains saintes & vénérables, & ayant levé les yeux aux Ciel, à vous Dieu son Pere Tout - puissant, vous rendant graces, le bénit, le rompit, & le donna à ses Disciples, disant : Prenez & mangez-en tous ;

CAR CECY EST MON CORPS.

DE la même maniere après qu'on eut soupé, il prit cet excellent Calice entre ses mains saintes & vénérables, & vous rendant graces, comme il avoit déja fait, il le bénit & le donna à ses Disciples, disant : Prenez & bûvez-en tous;

CAR CECY EST LE CALICE DE MON SANG de la nouvelle & éternelle alliance, Mystère de Foy; qui sera répandu pour vous, & pour plusieurs en rémission des péchés.

Toutes les fois que vous ferez ces choses, vous les ferez en mémoire de moi.

C'Est pourquoi, Seigneur, nous qui sommes vos serviteurs & votre peuple saint, nous ressouvenant de la bien-heureuse Passion de Jesus-Christ

ac venerabiles manus suas; item tibi gratias agens, bene † dixit, deditque Discipulis suis, dicens : Accipite & bibite ex eo omnes :

HIC EST ENIM CALIX SANGUINIS MEI, novi & æterni Testamenti, mysterium fidei; qui pro vobis, & pro multis effundetur in remissionem peccatorum.

Hæc quotiescumque feceritis, in mei memoriam facietis.

UNde & memores, Domine, nos servi tui, sed & plebs tua sancta, ejusdem Christi Filii tui Domini noſtri , tam beatæ Paſſionis, necnon & ab inferis Reſurrectionis, ſed & in Cœlos glorioſæ Aſcenſionis ; offerimus præclaræ Majeſtati tuæ de tuis donis ac datis, Hoſtiam†puram, Hoſtiam † ſanctam , Hoſtiam † immaculatam , Panem † ſanctum vitæ æternæ , & Calicem † ſalutis perpetuæ.

Supra quæ propitio ac ſereno vultu reſpicere digneris , & accepta habere,ſicuti accepta habere dignatus es munera pueri tui juſti Abel, & ſacrificium Patriarchæ noſtri Abrahæ , &

votre Fils notre Seigneur , de ſa Réſurrection des Enfers , de ſon Aſcenſion glorieuſe dans les Cieux ; nous offrons à votre Majeſté adorable des dons & des préſens que vousmême nous avez faits, l'Hoſtie pure , l'Hoſtie ſainte , l'Hoſtie ſans tache , le Pain ſaint de la vie éternelle , & le Calice du ſalut perpétuel.

Nous vous prions de regarder favorablement & avec un viſage ſerein , l'offrande que nous vous faiſons de ce ſaint Sacrifice , de cette Hoſtie ſans tache , & de l'agréer, comme il vous a plû d'agréer les préſens du juſte Abel votre serviteur, & le Sacrifice d'Abraham notre Patriarche, & celui que vous a offert Melchisedech votre grand Prêtre.

NOus vous suplions très-humblement, de commander que ces choses soient portées par les mains de votre saint Ange sur votre sublime Autel, en présence de votre Majesté divine; afin que nous tous, qui en recevant le saint & sacré Corps & Sang de votre Fils, participons à votre Autel, nous soyons remplis de toute sorte de bénédictions celestes, & de graces; Par le même Jesus-Christ notre Seigneur. Ainsi soit-il.

quod tibi obtulit summus Sacerdos tuus Melchisedech, sanctum Sacrificium, immaculatam Hostiam.

SUpplices te rogamus, omnipotens Deus, jube hæc perferri per manus sancti Angeli tui in sublime altare tuum, in conspectu divinæ Majestatis tuæ, ut quotquot ex hac altaris participatione sacrosanctum Filii tui Cor † pus & San † guinem sumpserimus, omni benedictione cœlesti, & gratiâ repleamur; Per eumdem Christum Dominum nostrum, Amen,

Mémoire des Morts.

MEmento etiam, Domine, famulorum famularumque tuarum, qui nos præcesserunt cum signo fidei, & dormiunt in somno pacis.

SOuvenez-vous aussi, Seigneur, de vos serviteurs & de vos servantes, qui nous ont précédés avec le signe de la Foi, & qui dorment du sommeil de paix.

Le Prêtre fait mémoire de ceux pour qui il veut prier.

Ipsis, Domine, & omnibus in Christo quiescentibus, locum refrigerii, lucis & pacis, ut indulgeas deprecamur. Per eumdem Christum Dominū nostrum. Amen.

Nous vous prions, Seigneur, de leur donner & à tous ceux qui reposent en Jesus-Christ, le lieu de rafraîchissement, de lumiere & de paix. Par le même Jesus - Christ notre Seigneur. Ainsi soit-il.

NObis quoque peccatoribus, famulis tuis, de multitudine miseratio-

ET à nous, pécheurs, qui sommes vos serviteurs, & qui espérons dans l'abondance de vos miséricordes, daignez nous donner part & société avec vos saints Apôtres & Martyrs; avec Jean, Estienne, Matthias, Barnabé, Ignace, Alexandre, Marcellin, Pierre, Félicité, Perpétue, Luce, Agnès, Cécile, Anastase, & tous vos Saints; dans la compagnie desquels nous vous supplions de nous recevoir, non en considération de notre mérite, mais en nous faisant grace. Par Jesus-Christ notre Seigneur.

PAr qui, Seigneur, vous produisez toûjours tous les biens,

num tuarum sperantibus partem aliquam & societatem donare digneris cū tuis sanctis Apostolis, & Martyribus; cum Joanne, Stephano, Matthia, Barnaba, Ignatio, Alexandro, Marcellino, Petro, Felicitate, Perpetua, Agatha, Lucia, Agnete, Cæcilia, Anastasia, & omnibus Sanctis tuis, intra quorum nos consortium non æstimator meriti, sed veniæ, quæsumus, largitor admitte. Per Christum Dominum nostrum.

PEr quem hæc omnia, Domine, semper bona

creas, sancti † ficas, vivi † ficas, bene- † dicis, & præstas nobis : Per ip † sum, & cum ip † so, & in ip † so, est tibi Deo Patri † omnipoten- ti, in unitate Spiri- tus † sancti : omnis honor & gloria, Per omnia sæcula sæcu- lorum. Amen.

ORemus, Præ- ceptis saluta- ribus moniti, & di- vinâ institutione formati audemus dicere :

PAter noster qui es in cœlis, sanctificetur nomen tuum : adveniat re- gnum tuum : fiat vo luntas tua, sicut in cœlo & in terrâ : panem nostrum quo-

vous les sanctifiez, vous les vivifiez, vous les bénissez, & vous nous les donnez : Par lui, avec lui, & en lui, tout honneur, & toute gloire est à vous Dieu, Pere Tout - puissant, dans l'unité du Saint- Esprit : Dans tous les siécles des siécles. Ainsi soit-il.

PRions : Etant in- struits par des pré- ceptes qui donnent la vie, & formés par l'in- stitution divine, nous osons dire :

NOtre Pere qui êtes aux Cieux, que votre Nom soit sanctifié : que votre ré- gne arrive : que votre volonté soit faite en la terre comme au Ciel : donnez - nous aujour- d'hui notre pain quo-

tidien : & nous par-
donnez nos offenses
comme nous pardon-
nons à ceux qui nous
ont offensés : & ne
nous induisez point en
tentation :

℟. Mais délivrez-
nous du mal.

tidianum da nobis
hodie : & dimitte
nobis debita nostra,
sicut & nos dimitti-
mus debitoribus no-
stris : & ne nos in-
ducas in tentatio-
nem;

℟. Sed libera nos
à malo.

Le Prêtre dit, Amen *puis il poursuit.*

DÉlivrez-nous, Sei-
gneur, s'il vous
plaît, de tous les maux
passez, présens & à
venir : & par un excès
de votre bonté, & par
l'intercession de la Bien-
heureuse Marie Mere
de Dieu, toûjours Vier-
ge, par les prieres de
vos Saints Apôtres
Pierre & Paul, & An-
dré, & de tous les
Saints, donnez-nous
la paix dans nos jours;
afin qu'étant soûtenus

LIbera nos, quæ-
sumus Domine
ab omnibus malis,
præteritis, præsenti-
bus & futuris : & in-
tercedente beatâ &
gloriosâ semper vir-
gine Dei genitrice
Mariâ, cum beatis
Apostolis tuis Petro
& Paulo, atque An-
dreâ, & omnibus
Sanctis, da propitius
pacem in diebus no-

stris ; ut ope misericordiæ tuæ adjuti, & à peccato simus semper liberi, & ab omni perturbatione securi. Per eumdem Dominum nostrum Jesum Christum Filium tuum, qui tecum vivit & regnat in unitate Spiritûs sancti Deus ; Per omnia sæcula sæculorum.

℞. Amen.

Pax † Domini sit † semper vobis-† cum.

℞. Et cum spiritu tuo.

HÆc commixtio & consecratio Corporis & Sanguinis Domini nostri Jesu Christi, fiat accipientibus

par le secours de votre miséricorde, nous soyons toûjours delivrés de tout péché, & exemts de toute sorte de trouble. Par le même Jesus-Christ notre Seigneur votre Fils, qui étant Dieu vit & régne avec vous dans l'unité du Saint-Esprit, dans tous les siécles des siécles.

℞. Ainsi soit-il.

Que la paix du Seigneur soit toûjours avec vous.

℞. Et avec votre esprit.

QUe ce mélange du Corps & du Sang de notre Seigneur Jesus-Christ que nous sommes prêts de recevoir, nous procure la vie éternelle. Ainsi soit-il.

nobis in vitam æternam. Amen.

Agneau de Dieu, qui effacez les péchés du monde, ayez pitié de nous.

Agnus Dei, qui tollis pecata mundi, miserere nobis.

Agneau de Dieu, qui effacez les péchés du monde, ayez pitié de nous.

Agnus Dei, qui tollis peccata mundi, miserere nobis.

Agneau de Dieu, qui effacez les péchés du monde, donnez-nous la paix.

Agnus Dei, qui tollis peccata mundi, dona nobis pacem.

SEigneur Jesus-Christ qui avez dit à vos Apôtres, je vous laisse la paix, je vous donne ma paix ; ne regardez point mes péchés, mais ayez égard à la foi de votre Eglise, & daignez lui donner l'union & la paix, conformément à votre volonté. Vous qui étant Dieu, vivez & regnez dans tous les siécles des siécles. Ainsi soit-il.

DOmine Jesu-Christe, qui dixisti Apostolis tuis, pacem relinquo vobis, pacem meam do vobis ; ne respicias peccata mea, sed fidem Ecclesiæ tuæ, eamque secundùm voluntatem tuam pacificare & coadunare digneris. Qui vivis & regnas Deus per

per omnia sæcula sæculorum. Amen.

Le Prêtre en donnant la Paix, dit:

Pax tibi, Frater, & Ecclesiæ sanctæ Dei.

DOmine Jesu-Christe, Fili Dei vivi, qui ex voluntate Patris, cooperante Spiritu Sancto, per mortem tuam mundum vivificasti; libera me per hoc Sacrosanctum Corpus & Sanguinem tuum, ab omnibus iniquitatibus meis, & universis malis, & fac me tuis sēper inhærere mandatis, & à te nunquam separari permittas. Qui cum eodem Deo Patre &

La paix soit avec vous, mon frere, & avec la sainte Eglise de Dieu.

SEigneur Jesu-Christ, Fils du Dieu vivant, qui par la volonté du Pere, avec l'opération du Saint-Esprit, avez donné la vie au monde par votre mort; délivrez-moi par ce Corps saint & sacré & par votre Sang, de tous mes péchés, & de toute sorte de maux; & rendez-moi fidele observateur de vos Commandemens, & ne permettez pas que je sois jamais séparé de vous. Qui étant Dieu vivez & régnez avec le même Dieu le Pere & le Saint-Esprit dans tous les

D

siécles des siécles. Ainsi soit-il.

EMpêchez, Seigneur Jesus - Christ, que la participation de votre Corps, que j'ose recevoir, tout indigne que j'en suis, ne tourne à mon jugement, & à ma condamnation ; mais faites, par votre miséricorde, qu'elle contribue à la défense de mon ame & de mon corps, & à la guérison de tous mes maux. Vous qui vivez & régnez avec Dieu le Pere, & qui ne faites avec lui & avec le Saint-Esprit qu'un seul Dieu dans toute l'éternité. Ainsi soit-il.

Je prendrai le Pain céleste, & j'invoquerai le nom du Seigneur.

Spiritu Sancto vivis & regnas, Deus, in sæcula sæculorum. Amen.

PErceptio Corporis tui, Domine Jesu Christe, quod ego indignus sumere præsumo, non mihi proveniat in judicium & condemnationem ; sed pro tuâ pietate profit mihi ad tutamentum mentis & corporis, & ad medelam percipiendam. Qui vivis & regnas cum Deo Patre in unitate Spiritûs sancti, Deus. Per, &c.

Panem cœlestem accipiam, & nomen Domini invocabo.

Le Prêtre dit la Priere suivante trois fois.

Domine, non sum dignus ut intres sub tectum meum; sed tantùm dic verbo & sanabitur anima mea.

Seigneur, je ne suis pas digne que vous entriez dans ma maison: mais dites seulement une parole & mon ame sera guérie.

Corpus Domini nostri Jesu Christi custodiat animam meam in vitam æternam. Amen.

Que le Corps de notre Seigneur Jesus - Christ conserve mon ame pour la vie éternelle. Ainsi soit-il.

Quid retribuam Domino, pro omnibus quæ retribuit mihi ?

Que rendrai - je au Seigneur pour tous les biens qu'il m'a fait ?

Calicem salutaris accipiam, & nomen Domini invocabo.

Je prendrai le Calice du Salut, & j'invoquerai le nom du Seigneur.

Laudans invocabo Dominum, & ab inimicis meis salvus ero.

J'invoquerai le Seigneur, en le louant & il me sauvera de mes ennemis.

Sanguis Domini nostri Jesu Christi

Que le Sang de Jesus-Christ conserve mon

ame pour la vie éternelle. Ainsi soit-il.

Faites, Seigneur, que nous recevions avec un cœur pur ce que nous avons pris par la bouche; & que d'un présent temporel, il devienne pour nous un remede éternel.

Que votre Corps que j'ai reçu, Seigneur, & que votre Sang que j'ai bû, s'attache à mes entrailles, & faites qu'il ne demeure aucune tache de péché en moi, qui ai été nourri par des Sacremens purs & saints; Vous qui vivez & regnez dans tous les siécles des siécles. Ainsi soit-il.

custodiat animam meam in vitam æternam. Amen.

Quod ore sumpsimus, Domine, purâ mente capiamus; & de munere temporali fiat nobis remedium sempiternum.

Corpus tuum, Domine, quod sumpsi, & Sanguis quem potavi, adhæreat visceribus meis; & præsta; ut in me non remaneat scelerum macula, quem pura & sancta refecerunt Sacramenta; Qui vivis & regnas in sæcula sæculorum. Amen.

Le Prêtre dit la Communion, ensuite il se tourne vers le Peuple, ne disant : Dominus vobiscum, &c. puis il dit la Postcommunion, ensuite de quoi il se tourne encore vers le Peuple, en disant :

Dominus vobiscum.

Le Seigneur soit avec vous.

℞. Et cum spiritu tuo.

℞. Et avec votre esprit.

Ite, Missa est.

Allez-vous-en, la Messe est finie.

℞. Deo gratias.

℞. Nous en rendons graces à Dieu.

Le Prêtre s'inclinant, dit :

PLaceat tibi, sancta Trinitas obsequium servitutis meæ ; & præsta, ut Sacrificium, quod oculis tuæ majestatis indignus obtuli, tibi sit acceptabile ; mihique & omnibus pro quibus illud obtuli, sit, te mise-

QUe mon obéissance & ma servitude vous soient agréable, ô Sainte Trinité ; & recevez favorablement le Sacrifice que j'ai offert aux yeux de votre Majesté, bien que j'en fusse indigne ; & faites par votre miséricorde, qu'il nous soit un Sacrifice propitiatoire, à moi & à tous ceux pour qui je

rante , propitiabile. Per Christum Dominum nostrum. Amen.

l'ai offert Par Jesus-Christ notre Seigneur. Ainsi soit-il.

Ensuite il bénit le Peuple , en disant :

Benedicat vos omnipotens Deus , Pater , & Filius & Spiritus sanctus.

℟. Amen.

Dominus vobiscum.

℟. Et cum spiritu tuo.

Initium sancti Evangelii secundùm Joannem.

℟. Gloria tibi Domine.

IN principio erat Verbum, & Verbum erat apud Deū, & Deus erat Verbum. Hoc erat in principio apud Deū.

Que Dieu Toutpuissant , le Pere , le Fils & le Saint-Esprit vous bénisse.

℟. Ainsi soit-il.

Le Seigneur soit avec vous.

℟. Et avec votre esprit.

Commencement du saint Evangile selon S. Jean.

℟. Gloire soit à vous, ô Seigneur.

AU commencement étoit le Verbe , & le Verbe étoit en Dieu, & le Verbe étoit Dieu. Il étoit au commencement en Dieu. Toutes choses

Omnia per ipsum facta sunt ; & sine ipso factum est nihil, quod factum est. In ipso vita erat, & vita erat lux hominum : & lux in tenebris lucet, & tenebræ eam non comprehenderunt. Fuit homo missus à Deo, cui nomé erat Joannes. Hic venit in testimonium, ut testimonium perhiberet de lumine ; ut omnes crederent per illum. Non erat ille lux : sed ut testimonium perhiberet de lumine. Erat lux vera, quæ illuminat omnem hominem venientem in hunc mundum. In mundo erat, & mundus per

ont été faites par lui : & rien de ce qui a été fait, n'a été fait sans lui. En lui étoit la vie, & la vie étoit la lumiére des hommes : & la lumière luit dans les ténébres, & les ténébres ne l'ont point comprise. Il y eut un homme envoyé de Dieu, qui s'appelloit Jean. Il vint être témoin, pour rendre témoignage à la lumiére, afin que tous crûssent par lui. Il n'étoit pas la lumiére : mais il devoit rendre témoignage à celui qui étoit la lumiére. Celuilà étoit la vraie lumiére qui éclaire tout homme venant en ce monde. Il étoit dans le monde, & c'est lui qui a fait le monde ; & le monde ne l'a point connu. Il est venu chez lui, & les siens ne l'ont point reçû ; mais il a donné à tous ceux qui l'ont reçû la puissance de devenir enfans de Dieu à ceux qui croyent en son nom. Qui ne sont point nés du sang, ni de la volonté de la chair, ni de la volonté de l'homme, mais de Dieu. Et le Verbe a été fait Chair, & il a habité parmi nous, (& nous avons vû sa gloire, sa gloire comme du Fils unique du Pere) plein de grace & de verité.

Verbum Caro habitavit in nobis. (Et vidimus gloriam ejus, gloriam quasi unigeniti à Patre,) plenum gratiæ & veritatis.

℞. Rendons graces à Dieu.

ipsum factus est : & mundus eum non cognovit. In propria venit : & sui eum non receperunt. Quotquot autem receperunt eum, dedit eis potestatem Filios Dei fieri ; his qui credunt in nomine ejus. Qui non ex sanguinibus, neque ex voluntate carnis, neque ex voluntate viri, sed ex Deo nati sunt. Et **Factum est** ; &

℞. Deo gratias.

Le six Décembre,

FESTE

DES. NICOLAS,

EVESQUE DE MYRE.

AUX PREMIERES VESPRES.

Pater. Ave. Deus in adjutórium.

Antienne. Quem docébit.

PSEAUME 109.

Ixit Dómi-
nus Dómino
meo : * sede
à dextris meis.

Donec ponam ini-
mícos tuos * sca-

E Seigneur a
dit à mon Sei-
gneur : soyez as-
sis à ma droite.

Jusqu'à ce que je met-
te vos ennemis sous

E

vous, pour vous servir de marche-pied.

Le Seigneur fera sortir de Sion le Sceptre, qui est la marque de votre puissance : soyez le maître au milieu de vos ennemis.

Le commandement est à vous dans le jour de votre puissance, dans la splendeur de votre sainteté : je vous ai engendré de mon sein avant le point du jour.

Le Seigneur a fait ce serment, & il ne s'en repentira point : vous êtes le Prêtre éternel selon l'ordre de Melchisedech.

Le Seigneur est à votre droite : il a écrasé les Rois au jour de sa colere.

Il jugera les Nations, il mettra tout en ruine,

bellum pedum tuórum.

Virgam virtútis tuæ emíttet Dóminus ex Sion : * domináre in médio inimicórum tuórum.

Tecum princípium in die virtútis tuæ in splendóribus Sanctórum : * ex útero ánte lucíferum génui te.

Jurávit Dóminus, & non pœnitébit eum : * tu es Sacérdos in ætérnum, secúndùm órdinem Melchísedech.

Dóminus à dextris tuis : * confrégit in die iræ suæ Reges.

Judicábit in natiónibus, implébit

ruínas : * conquas-
sábit cápita in terrâ
multórum.

De torrénte in
viâ bibet : * prop-
térea exaltábit ca-
put.

Glória Patri.

Ant. Quem docé-
bit Dóminus scién-
tiam, & quem in-
tellígere fáciet au-
ditum ? ablactátum
à lacte, avúlsum ab
ubéribus. *Isaiæ cap.*
28.

il écrasera les têtes de
plusieurs sur la terre.

Il boira de l'eau du
torrent sur le chemin :
c'est pourquoi il levera
sa tête.

Gloire au Pere.

Ant. A qui le Sei-
gneur enseignera-t-il sa
Loi ? à qui donnera-t-il
l'intelligence de sa pa-
role ? à l'enfant qu'on
ne fait que de sevrer, &
qu'on vient d'arracher
de la mamelle. *Isaie*
ch. 28.

Ant. Stabilíta sunt.

PSEAUME 110.

COnfitébor ti-
bi, Dómine,
in toto corde meo, *
in consílio justó-
rum & congrega-
tióne.

Magna ópera Dó-

SEigneur, je vous
louerai de tout mon
cœur dans le conseil
& dans l'assemblée des
justes.

Les œuvres du Seigneur font grandes ; il a cherché à les faire pour nous témoigner ſes bontés.

mini , * exquiſita in omnes voluntátes ejus.

Son ouvrage eſt digne de louange, c'eſt la magnificence même ; & ſa juſtice demeure éternellement.

Conféſſio & magnificéntia opus ejus : * & juſtítia ejus manet in ſæculum ſæculi.

Le Seigneur qui eſt bon & miféricordieux nous a laiſſé de quoi nous ſouvenir de ſes merveilles ; il a donné une nourriture à ceux qui le craignent.

Memóriam fecit mirabílium ſuórum , miféricors & miferátor Dóminus : * eſcam dedit timéntibus ſe.

Il ſe ſouviendra à jamais de l'alliance qu'il a faite ; il fera connoître à ſon peuple la force de ſes ouvrages ;

Memor erit in ſæculum teſtaménti ſui : * virtútem óperum ſuórum annuntiábit pópulo ſuo ;

Pour leur donner ce qui étoit l'héritage des Nations ; les ouvrages de ſes mains font la vérité & la juſtice.

Ut det illis hæreditátem géntium : * ópera mánuum ejus, véritas & judícium.

Fidélia ómnia mandáta ejus, confirmáta in sæculum sæculi : * facta in veritáte & æquitáte.

Redemptiónem misit pópulo suo : * mandávit in ætérnum testaméntum suum.

Sanctum & terríbile nomen ejus : * inítium sapiéntiæ timor Dómini.

Intelléctus bonus ómnibus faciéntibus eum : * laudátio ejus manet in sæculum sæculi.

Glória Patri.

Ant. Stabilíta sunt bona illíus in Dómino, & eleemósynas illíus enarrábit

Tous ses commandemens sont dignes de foi & de respect, ils sont donnés pour l'éternité ; ils sont faits dans la vérité & dans l'équité.

Il a fait racheter son peuple : il a commandé que son alliance demeure éternellement.

Son nom est saint & terrible ; la crainte du Seigneur est le commencement de la sagesse.

Tous ceux qui ont cette crainte sont éclairés : la louange du Seigneur demeure éternellement.

Gloire au Pere.

Ant. Ses biens ont été affermis dans le Seigneur, & toute l'assemblée des Saints pu bliera les aumônes qu'il a faites. *Eccli. ch. 31.*

omnis Ecclésia Sanctórum. *Eccli. cap. 31.*

Ant. Vocávi te.

Pseaume III.

Heureux l'homme qui craint le Seigneur ; il mettra tout son plaisir dans les commandemens de Dieu.

Ses enfans seront puissans sur la terre : la postérité des bons sera bénie.

La gloire & les richesses seront dans sa maison : & sa justice demeurera éternellement.

Il s'est levé pendant les ténébres une lumiere pour les bons : c'est le Seigneur, qui est bon, miséricordieux & juste.

Aimable & heureux

Beátus vir qui timet Dóminum : * in mandátis ejus volet nimis.

Potens in terrâ erit semen ejus : * generátio rectórum benedicétur.

Glória & divítiæ in domo ejus : * & justítia ejus manet in sæculum sæculi.

Exórtum est in ténebris lumen rectis : * miséricors, & miserátor, & justus.

Jucúndus homo

qui miserétur & commodat ; dispónet sermónes suos in judício : * quia in ætérnum non commovébitur.

In memóriâ æternâ erit justus : * ab auditióne malâ non timébit.

Parátum cor ejus speráre in Dómino, cõfirmátum est cor ejus : * non commovébitur , donec despíciat inimícos suos.

Dispérsit , dedit paupéribus : * justítia ejus manet in sæculum sæculi, cornu ejus exaltábitur in glória.

Peccátor vidébit & irascétur , dénti-

l'homme qui a pitié des pauvres , & qui aime à prêter ; il régle ses discours par la sagesse : il ne sera jamais ébranlé.

Le juste sera à jamais dans la mémoire des hommes ; il ne craindra pas d'entendre dire aucun mal contre lui.

Son cœur est toûjours prêt d'espérer dans le Seigneur ; son cœur est fortifié : il ne sera point ébranlé , & il meprisera ses ennemis.

Il a répandu ses biens, il les a donnés aux pauvres : sa justice demeure éternellement : il sera élevé en autorité & en gloire.

Le pécheur le verra , & il sera indigné ; il

grincera des dents, & il sechera : le désir des pecheurs sera frustré.

Gloire au Pere.

Ant. Je vous ai appellé par votre nom ; vous êtes à moi, je vous donnerai pour Pasteur à mon troupeau , afin que vous lui donniez la nourriture de la science & de la doctrine. *Isaïe ch.* 43. *Jer.* 3.

bus suis fremet & tabéscet : * desidérium peccatórum períbit.

Glória Patri.

Ant. Vocávi te nómine tuo ; meus es tu, & eris gregi meo in Pastórem , ut pascas eum sciéntiâ & doctrinâ. *Isai. cap.* 43. *Jer.* 3.

Ant. Congregáti sunt.

PSEAUME 112.

Serviteurs de Dieu , louez le Seigneur, louez le nom du Seigneur.

Que le nom du Seigneur soit béni à présent & à jamais.

Le nom du Seigneur doit être loué depuis

Laudáte, púeri, Dóminum : * laudáte nomen Dómini.

Sit nomen Dómini benedíctum , * ex hoc nunc , & usque in sæculum.

A solis ortu usque ad occásum *

laudábile nomen Dómini.

Excélsus super omnes gentes Dóminus ; * & super cœlos glória ejus.

Quis sicut Dóminus Deus noster, qui in altis habitat : * & humília réspicit in cœlo & in terrâ ?

Súscitans à terrâ ínopem : * & de stércore érigens páuperem ;

Ut cóllocet eum cum princípibus , * cum princípibus pópuli sui.

Qui habitáre facit stérilem in domo , * matrem filiórum lætantem.

Glória Patri.

l'Orient jusqu'à l'Occident.

Le Seigneur est élevé au-dessus de toutes les Nations : sa gloire est élevée au-dessus des Cieux.

Qui est semblable au Seigneur notre Dieu , qui demeure dans un lieu élevé , & qui regarde ce qui est au-dessous de lui dans le ciel & sur la terre?

Qui reléve le mandiant de dessus le pavé , & le pauvre de dessus le fumier ;

Pour le mettre sur le trône avec les Princes , les Princes de son peuple :

Qui fait demeurer dans la maison celle qui étoit stérile , & lui donne la joie de se voir mere de plusieurs enfans.

Gloire au Pere.

Ant. Les Prêtres s'étant assemblés au nom du Seigneur ; il se trouva dans leur assemblée, & s'unit à leur sagesse. 1. *Cor. ch.* 5. *Eccli.* 6.

Ant. Congregáti sunt Sacerdótes in nómine Dómini ; stétit in multitúdine eórum, & sapiéntiæ illórum cójunctus est 1. *Cor. cap.* 5. *Eccli.* 6.

Ant. Cùm duceréntur.

PSEAUME 116.

Nations, louez toutes le Seigneur : louez-le tous, peuples de la terre.

Louez-le de ce qu'il ne cesse pas de nous faire miséricorde : la vérité du Seigneur demeure éternellement.
Gloire au Pere.

Laudáte Dóminum, omnes gentes : * laudáte eum, omnes pópuli.
Quóniam confirmáta est super nos misericórdia ejus : * & véritas Dómini manet in æternum.
Glória Patri.

Ant. Comme on conduisoit des hommes innocens à la mort, le Seigneur suscita l'esprit saint de son serviteur,

Ant. Cùm duceréntur innocéntes ad mortem ; suscitávit Dóminus spíritum servi sui, &

liberávit eos, & salvátus est sanguis innóxius. *Dan. cap.* 13.

il les delivra, & le sang innocent fut épargné. *Dan. ch.* 13.

CHAPITRE 2. *Timoth. ch.* 2.

FIli, sollicitè cura teipsũ probabilem exhibére Deo operárium inconfusíbilem, rectè tractántem verbum veritátis.

℞. Deo grátias.

MOn fils, mettez-vous en état de paroître devant Dieu comme un Ministre digne de son approbation, qui ne fait rien dont il ait sujet de rougir, & qui sçait bien dispenser la parole de la vérité.

℞. Graces à Dieu.

℞. Annúntient ópera ejus in exultatióne, qui descéndunt mare in návibus faciéntes operátionem in aquis multis. * Vidérunt mirabília ejus in profúndo, * Et ipse dedúxit eos in portum voluntátis eórum,

℞. Que les œuvres qu'il a faites soient publiées avec joie par ceux qui descendent sur mer dans les navires, & qui travaillent au milieu des grandes eaux. * Ils ont vû les merveilles qu'il a opérées dans la profondeur des abîmes, * lorsqu'il les conduisit jusqu'au port où ils vouloient arriver.

℣. Il commanda & la tempête fut changée en un vent doux, & les flots se calmerent. * Ils ont vû. Gloire. * Lorsqu'il. *Ps.* 106.

℣. Dixit & stetit spiritus procéllæ, & siluérunt fluctus ejus. * Vidérunt. Glória. * Et ipse. *Ps.* 106.

HYMNE. *Santol. VIII.*

QUelle est de tes vertus la brillante lumiere !
Dans ce vaste Univers leur éclat se répand :
Le Soleil voit toûjours, parcourant sa carriere,
Les honneurs qu'on te rend.

TAnta quæ virtus tua, NICOLAE,
Tránstulit nomen géminos ad axes !
Sol tuos nascens videt, occidénsque
Lætus honóres.

Combien d'Hymnes sacrés honorent ta mémoire !
De combien de présens sont chargés tes Autels !
Combien de Temples saints élevés à ta gloire
Par les mains des mortels !

Quot tibi sacri recinúntur hymni !
Quot graves donis cumulántur aræ !
Quot sub augústo veneránda surgunt
Nómine templa !

E sinu matris tibi
durus infans ,
Signa virtútis déde-
ras futúræ ;
Te diù , multâ pre-
ce , postulárat
Mater ad aras.

On t'a vû , tendre en-
fant , à toi-même se-
vere ,
Donner de ta vertu des
signes éclatans ;
Pour t'obtenir du Ciel ,
une pieuse mere
Avoit gémi long-
tems.

Qui puer certis tibi
lac diébus
Immolans corpus
ténerum, negábas ;
Póntifex , qualis
grege pro tuéndo
Víctima fies ?

Si dès ta tendre enfan-
ce on te voit te sous-
traire
Ton unique aliment , &
jeûner au berceau ,
Quand tu seras Pasteur,
que ne dois tu point
faire ,
Pour sauver ton
troupeau ?

O sacri dicat quis
amóris artes !
Ne suas prodat pa-
ter ipse natas ,
Cautus injécto dú-
bium pudórem ,
Asseris auro.

Quel est de ton amour
l'innocent artifice !
De trois filles qu'un pe-
re immole à son mal-
heur ,
Avec l'or qu'en secret
ta charité leur glisse ,
Tu conserve l'hon-
neur.

Pour que la chasteté ne souffre aucun dommage,
La perte de ton or te devient un vrai bien ;
Ainsi cette vertu se sauve du naufrage,
Mais c'est par ton moyen.

Que nos œuvres, Seigneur, dans un humble silence,
Pour ne plaire qu'à vous, aiment à se cacher :
Un jour Jesus sçaura les mettre en évidence,
Pour les récompenser.

Gloire au Pere éternel, gloire au Fils son image,
Dont le Prélat de Myre a soutenu les droits :
Gloire à l'Esprit des deux, & qu'un pareil hommage
Se rende à tous les trois. Ainsi soit-il

Ne ferat virtus malè tuta damnum,
Æstimas auri pretiòsa damna :
Sic pudor per te, sine labe puros
Servat honóres.

Fac, Deus, sic nos ténebras amáre,
Ut tibi semper placeámus uni,
His erit quondam, retegénte Christo,
Glória factis.

Summa laus Patri, tibi summa, nate,
Cujus ætérnum benè Nicoláus
Víndicat Numen ; tibi par supérni
Nexus amóris.
Amen.

℣. Beátus quem elegísti & assump-sísti,

℟. Inhabitábit in átriis tuis. *Ps.* 64.

℣. Heureux celui que vous avez choisi & pris à votre service;

℟. Il demeurera dans votre Temple. *Ps.* 64.

Ant. Dedit illi.

C ANTIQUE, *Luc. c.* 1.

MAgníficat, * ánima mea Dóminum.

MOn ame glorifie le Seigneur.

Et exultávit spíritus meus * in Deo salutári meo.

Et mon esprit s'est réjoui en Dieu mon Sauveur.

Quia respéxit humilitátem ancíllæ suæ : * ecce enim ex hoc beátam me dicent omnes generatiónes.

Parce qu'il a jetté les yeux sur la bassesse de sa servante : voici qu'on va commencer à m'appeller heureuse, on publiera mon bonheur dans tous les siecles.

Quia fecit mihi magna qui potens est : * & sanctum nomen ejus.

Parce que celui qui est puissant a fait de grandes choses pour moi : son nom est saint.

Et misericórdia ejus à progénie in

Sa miséricorde se répand d'âge en âge,

sur ceux qui le craignent.

Il a fait éclater la force de son bras : il a deconcerté les superbes en dissipant les desseins qu'ils avoient formés dans leur cœur.

Il a renversé les puissans de dessus le trône, & il a élevé les humbles.

Il a rassasié de biens ceux qui avoient faim ; & il a renvoyé les riches affamés,

Il a pris soin d'Israël son serviteur, se souvenant de sa miséricorde ;

Et des promesses qu'il a faites à nos peres, à Abraham & à sa postérité, qui doit durer à jamais.

Gloire au Pere.

Ant. Dieu l'a rendu participant de son Es-

progénies : * timéntibus eum.

Fecit poténtiam in bráchio suo : * dispérsit supérbos mente cordis sui.

Depósuit poténtes de sede : * & exaltávit húmiles.

Esuriéntes implévit bonis : * & divites dimísit inánes.

Suscépit Israël púerum suum , * recordátus misericórdiæ suæ ;

Sicut locútus est ad patres nostros , * Abraham & sémini ejus in sæcula.

Glória Patri.

Ant. Dedit illi Deus de Spíritu suo ,

fuo, & conféſſus eſt quóniam Jeſus eſt filius Dei, Allelúia.
1. Joan. cap. 4.

prit, & il a confeſſé que Jeſus eſt le fils de Dieu. Louez Dieu.
1. Joan. ch. 4.

ORAISON.

DEus qui beátum NICOLAUM Pontíficem innúmeris decoráſti miráculis ; tríbue, quæſumus, ut ejus méritis & précibus, à gehénnæ incéndiis liberémur. Per Dóminum.

O Dieu, qui avez fait éclater par un infinité de miracles le bien-heureux Evêque NICOLAS ; faites, s'il vous plaît, que par ſes mérites & par ſes priéres, nous ſoyons délivrés du feu de l'enfer. Par notre Seigneur.

A LA PROCESSION.

℞. Annuntient , *pag.* 59.

℣. J'étendrai la puis-
sance de sa main sur la
mer.

℣. Ponam in mari
manum ejus.

℞. Et la force de sa
droite sur les fleuves.
Pſ. 88.

℞. Et in flumíni-
bus déxteram ejus.
Pſ. 88.

ORAISON.

Deus qui beátum , *page ſuivante.*

A L·A MESSE.

INTROÏT.

Vous parlâtes ,
Seigneur , dans
une vision a
vos Saints , & vous

Locútus es ,
Dómine , in
visióne Sanctis tuis

& dixísti : pósui adjutórium in poténte, & exaltávi eléctum de plebe mea. Invéni David servum meum, óleo sancto meo unxi eum.

Pf. Misericórdias Dómini in ætérnum cantábo.

Glória. Locutus es. *Pf.* 88.

leur dites : j'ai mis mon secours dans un homme qui est puissant, & j'ai élevé celui que j'ai choisi du milieu de mon peuple. J'ai trouvé David mon serviteur, je l'ai oint de mon huile sainte.

Pf. Je chanterai éternellement les miséricordes du Seigneur.

Gloire. Vous parlâtes. *Pf.* 88.

Glória in excelsis. *page 9.*

ORAISON.

DEus, qui beátum NICOLAUM Pontíficem innúmeris decorásti miráculis ; tríbue, quæsumus, ut ejus méritis & précibus à gehénnæ incéndiis liberémur. Per Dóminum.

O Dieu, qui avez fait éclater par une infinité de miracles le bien-heureux Evêque NICOLAS, faites, s'il vous plaît, que par ses mérites & par ses priéres, nous soyons délivrés du feu de l'enfer. Par notre Seigneur.

Lecture du Prophete Ezechiel. ch. 34.

VOici ce que dit le Seigneur *notre* Dieu : Je susciterai sur mes brebis le Pasteur unique pour les paître, David mon serviteur : lui-même aura soin de les paître, & il leur tiendra lui-même lieu de Pasteur. Mais moi qui suis le Seigneur, je serai leur Dieu : & mon serviteur David sera au milieu d'elles comme leur Prince. C'est moi qui suis le Seigneur qui ai parlé. Je ferai avec mes brebis une alliance de paix, j'exterminerai de la terre les bêtes les plus cruelles, & ceux qui habitent dans le desert, dormiront en assurance au milieu des bois. Je les comblerai de bénédictions autour de la colline où j'habi- te : je ferai tomber les

Léctio Ezechiélis Prophetæ. cap. 34.

HÆc dicit Dóminus Deus : suscitábo super oves meas pastórem unum, qui pascat eas, servum meum David : ipse pascet eas, & ipse erit eis in Pastórem. Ego autem Dóminus, ero eis in Deum : & servus meus David princeps in médio eárum. Ego Dóminus locútus sum. Et fáciam cum eis pactum pacis, & cessáre fáciam béstias péssimas de terra : & qui hábitant in desérto, sæcúri dórmient in sáltibus. Et ponam eos in circúitu collis mei benedictiónem : & dedúcam imbrem in témpore suo : plúviæ benedictiónis erunt. Et dabit lignum agri frúctum suum, & terra dabit germen suum, & erunt in terrâ suâ absque timóre : & scient quia ego Dóminus, cum contrívero caténas jugi eórum, & erúero eos de manu imperántium sibi. Et non erunt ultrà in rapínam in gentibus, neque béstiæ terræ devorábunt eos : sed habitábunt confidénter absque ullo terróre. Et suscitábo eis germen nominátum ; & non erunt ultra imminú-

pluies en leur tems, & ce seront des pluies de bénédiction & d'abondance. Les arbres des champs porteront leur fruit, la terre germera & sera féconde, *mes brebis* habiteront sans crainte dans leurs païs ; & elles sçauront que c'est moi qui suis le Seigneur, lorsque j'aurai brisé leurs chaînes, & rompu leur joug, & que je les aurai arrachées d'entre les mains de ceux qui les dominoient avec empire. Elles ne seront plus en proie aux nations, & les bêtes de la terre ne les dévoreront plus, mais elles habiteront dans une pleine assurance, sans avoir plus rien à craindre. Je leur susciterai parmi eux une plante d'un grand nom ; ils ne seront plus consumez par la famine sur la terre, & ils ne seront plus en opprobre parmi les Nations. Ils sçauront alors que je serai avec eux, moi qui suis leur Seigneur & leur Dieu; & qu'ils seront mon peuple, eux qui sont la maison d'Israël, dit le Seigneur *notre* Dieu. Mais vous mes brebis, vous qui êtes les brebis de mon pâturage, vous êtes des hommes, & moi je suis votre Seigneur & votre Dieu, dit le Seigneur notre Dieu.

ti fame in terrâ, neque portábunt ultrà opprobrium gentium. Et scient quia ego Dóminus Deus eórum cum eis, & ipsi pópulus meus domus Israël : ait Dóminus Deus. Vos autem greges mei, greges páscuæ meæ, hómines estis : & ego Dóminus Deus vester, dicit Dóminus Deus.

GRADUEL.

HEureux celui qui a l'intelligence sur le pauvre & l'indigent; le Seigneur le délivrera dans le jour mauvais. *Ps.* 40.

℣. C'est à vous que le soin du pauvre a été laissé, vous serez le

BEátus qui intélligit super egénum & páuperem; in die malâ liberàbit eum Dóminus. *Ps.* 40.

℣. Tibi derelíctus est pauper, órphano

tu eris adjutor. *Pf.* 9.

Allelúia, Allelúia. ℣. Providit puéllis nuptias, servávit corpus illárum, & grande opus fecit. Allelúia. *Exod. cap. 21. Eccli. 7.*

protecteur de l'orphelin. *Pf.* 9.

Louez Dieu, louez Dieu. ℣. Il donna ce qui convenoit pour le mariage de plusieurs filles, ainsi conserva-t-il la pureté de leur corps, & *en cela* il fit une grande œuvre. Louez Dieu. *Exod. ch. 21. Eccli. 7.*

PROSE.

Fidéles húc concúrrite; Solémne sit hoc gaudium : Ad NICOLAI plaudite Sacro die præcónium.

QU'à cette fête solemnelle Du saint Pontife NICOLAS, La piété, Peuple fidele, En ce lieu conduise vos pas.

Piis paréntum précibus. Sancta proles concéditur : Jam matris ab ubéribus

Au mérite de la priére Le Ciel accorde cet enfant, Qui s'abstient du lait de sa mere,

Pour imiter un Dieu souffrant.

Miles crucis agnóscitur.

*

Possesseur d'un ample héritage,
Il donne tout à l'indigent ;
Et mérite par ce partage
Pour Pere, le Dieu tout-puissant.

Amplum hæres distríbuit
Egénis patrimónium ;
Deum patrem sic méruit,
Factus pater egéntium.

*

O Vierges! que ses soins propices
En sauvant votre chasteté,
Vous dotent sous d'heureux auspices
Par les mains de la charité !

Largâ manu virgínibus
Dat, quo servátur cástitas :
Nubunt faustis ominibus,
Quos dotat mater cáritas.

*

Lorsqu'au Temple il prie avec zéle,
On l'éleve à l'Episcopat :
Et c'est Dieu même, qui l'appelle

In Templi pronus límine
Dum NICOLAUS stérnitur ;
Vocánte palàm Númine,

Ad

Ad Cáthedram evé-
hitur.

* * *

Mox dæmonum al-
táría,
Advérsa Dei nómi-
ni,
Sanctâ frangit con-
stántiâ,
Audax in verbo
Dómini.

* * *

O gloriósa vincu-
la,
Quibus exul con-
stríngitur !
Frendet irâ gens æ-
mula;
Dei verbum non
néctitur.

* * *

Auro purgáto pú-
riùs,
Probáta fides émi-
cat :
Christi testis, libé-
riùs,

Aux travaux d'un si
saint état.

* * *

Dieu par sa divine pa-
role
Le remplit d'une vive
ardeur,
Qui lui fait briser toute
idole
Contraire au culte du
Seigneur.

* * *

Quelle gloire il tire des
peines
Qu'il endure en capti-
vité !
Il annonce malgré ses
chaînes
l'Evangile avec liber-
té.

* * *

Sa foi montre par son
courage
Un éclat plus brillant
que l'or :
Le Verbe est par son té-
moignage

Egal au Pere dont il sort.

Par Patri Verbum prædicat.

***

Ses avis consolent les veuves,
Ses biens secourent l'affligé,
Il donne à l'orphelin des preuves
D'un cœur saintement partagé.

Dat viduis consílium,
Ope mœréntes réficit,
Fert órphanis subsídium;
Se cuncta cunctis éfficit.

***

Des vaisseaux pleins de nourriture
Soulagent le peuple affamé;
Et ces secours qu'il leur procure
Font qu'il est par-tout renommé.

Hunc spléndidum in panibus
Multórum laudant lábia;
Afflíctis quando cívibus
Navis affert cibária.

***

Il commande, & la mer docile
Fait taire ses flots irrités:
Elle ouvre un passage facile

Ut jubet, statim pélagi
Sedáta silent æquora:
Ut ínvocant hunc náufragi,

Optáta tangunt líttora.	Aux rivages tant souhaités.

❧

Iníquæ morti trádíti Procul orant auxílium : Visus absens contérriti Mutat Regis judícium.	Il sauve loin de sa Province Trois hommes condamnés à tort : Quoiqu'absent, il parle, & le Prince Casse un injuste arrêt de mort.

❧

Et nos, qui procul gémimus, E cœlo, Pastor, réspice : Quem, heu ! ingráti læsimus, Sta nostro coram júdice.	Nous qui gémissons sur la terre, Pasteur, jettez les yeux sur nous ; Fléchissez ce Juge sévere Dont nous méritons le courroux.

❧

Det liberis nos méntibus Ad árdua conténdere ; Purgátos mundi sordibus,	Et que dans une paix profonde, Avec vous par de saints travaux, Nous puissions, dégagés du monde,

Jouir d'un éternel repos. Ainsi soit-il.	Det cœlo tecum vívere. Amen.

Suite du saint Evangile selon saint Matthieu. *ch.* 25.

Sequéntia sancti Evangélii secúndùm Matthæum. *cap.* 25.

EN ce tems-là; Jesus dit cette parabole à ses Disciples : Un homme devant faire un long voyage hors de son pays, appella ses serviteurs, & leur mit son bien entre les mains. Et ayant donné cinq talens à l'un, deux à l'autre, & un à l'autre, selon la capacité différente de chacun d'eux, il partit aussi-tôt. Celui donc qui avoit reçû cinq talens, s'en alla; il trafiqua avec cet argent, & il en gagna cinq autres. Celui qui en avoit reçû deux, en gagna de même encore deux autres.

IN illo tempore ; Dixit Jesus Discípulis suis parábolam hanc : homo quidã péregrè proficiscens, vocávit servos suos, & trádidit illis bona sua : Et uni dedit quinque talénta, álii autem duo, álii verò unum, unicuíque secúndùm própriã virtútem ; & proféctus est statim. Abiit autem qui quinque talénta accéperat, & operátus est in eis, & lucrátus

est ália quinque : si-
míliter & qui duo
accéperat , lucrátus
est ália duo. Qui au-
tem unum accépe-
rat , ábiens fodit in
terram , & abscón-
dit pecúniam Dó-
mini sui. Post mul-
tum verò temporis
venit Dóminus ser-
vórum illórum , &
pósuit ratiónem cũ
eis. Et accédens qui
quinque talénta ac-
céperat , óbtulit ália
quinque talénta, di-
cens:Dómine, quin-
que talénta tradidi-
sti mihi , ecce ália
quinque superlucrá-
tus sum. Ait illi
Dóminus ejus : Eu-
ge, serve bone & fi-
délis , quia in pauca
fuísti fidélis , super

Mais celui qui n'en a-
voit reçû qu'un, alla
creuser dans la terre, &
y cacha l'argent de son
maître. Long-tems a-
près, le maître de ces
serviteurs étant reve-
nu, leur fit rendre com-
pte. Et celui qui avoit
reçû cinq talens , vint
lui en présenter cinq
autres , en lui disant :
Seigneur, vous m'aviez
mis cinq talens entre
les mains , en voici ,
outre ceux-là, cinq au-
tres que j'ai gagnés.
Son maître lui répon-
dit : O bon & fidéle
serviteur , parce que
vous avez été fidéle en
peu de choses, je vous
établirai sur beaucoup
d'autres ; entrez dans
la joie de votre Sei-
gneur. Celui qui avoit
reçû deux talens, vint
aussi se présenter à lui ,
& lui dit : Seigneur ,
vous m'aviez mis deux

talens entre les mains, en voici, outre ceux-là, deux autres que j'ai gagnés. Son maître lui repondit : O bon & fidéle serviteur, parce que vous avez été fidéle en peu de choses, je vous établirai sur beaucoup *d'autres* ; entrez dans la joie de votre Seigneur.

multa te constituã; intra in gáudium Dómini tui. Accéssit autem & qui duo talénta accéperat, & ait : Dómine, duo talénta tradidísti mihi, ecce ália duo lucrátus sum. Ait illi Dóminus ejus : Euge, serve bone & fidélis, quia super pauca fuísti fidélis, super multa te constítuam ; intra in gáudium Dómini tui.

Credo. *page* 14.

OFFERTOIRE.

LE Seigneur l'a choisi entre tous les vivans pour offrir à Dieu le Sacrifice, l'encens & la bonne odeur. Louez Dieu. *Eccli. ch.* 45.

IPsum elégit Dóminus ab omni vivénte, offérre sacrificium Deo, incénsum & bonum odórem. Allelúia. *Eccli. cap.* 45.

SECRETE.

SAnctifica, quæ-sumus, Dómine Deus, hæc múnera quæ in solemnitáte beáti antístitis tui NICOLAI offérimus, ut per ea vita nostra inter adversa & próspera ubíque dirigátur. Per Dóminum nostrum.

SEigneur, qui êtes notre Dieu, sanctifiez, s'il vous plaît, ces dons que nous vous offrons en la fête de votre Evêque NICOLAS, afin que leur vertu nous règle pendant toute notre vie au milieu des prospérités & des adversités. Par notre Seigneur.

PRÉFACE. *page* 24.

COMMUNION.

QUisquis conféssus fúerit quóniam Jesus est Fílius Dei, Deus in eo manet, & ipse in Deo. Allelúia. 1. *Joan. cap.* 4.

QUiconque aura confessé que Jesus est le Fils de Dieu, Dieu demeure en lui, & lui en Dieu. Louez Dieu. 1. *Joan. ch.* 4.

PRIERE POUR LE ROY.

Pseaume 19.

QUe le Seigneur vous exauce au jour d'affliction ; que le nom du Dieu de Jacob vous protége.

Qu'il vous secoure du lieu saint, & qu'il vous défende du haut de Sion.

Qu'il se souvienne de tous vos sacrifices : & que votre holocauste lui soit agréable.

Qu'il vous accorde ce que vous désirez ; & qu'il fasse réussir tous vos desseins.

Nous nous réjouirons de vous voir délivré; & nous deviendrons grãds au nom de notre Dieu.

EXaudiat te Dóminus in die tribulatiónis : * prótegat te nomen Dei Jacob.

Mittat tibi auxílium de sancto : * & de Sion tueátur te.

Memor sit omnis sacrificii tui : * & holocaústum tuum pingue fiat.

Tribuat tibi secúndùm cor tuum:* & omne consílium tuum confirmet.

Lætábimur in salutári tuo:* & in nómine Dei nostri magnificábimur.

Impleat Dóminus omnes petitiónes tuas : * nunc cognóvi quóniam salvum fecit Dóminus Christum suum.

Que le Seigneur accomplisse toutes vos demandes : je reconnois présentement que le Seigneur a sauvé son Christ.

Exáudiet illum de cœlo sancto suo : * in potentátibus salus déxteræ ejus.

Il l'exaucera du lieu saint & élevé où il habite : sa droite le sauvera avec puissance.

Hi in cúrribus, & hi in equis : * nos autem in nómine Dómini Dei nostri invocábimus.

Ceux là mettent leur confiance dans leurs chariots, & ceux-ci dans leurs chevaux : pour nous, nous mettons la nôtre au nom du Seigneur notre Dieu.

Ipsi obligáti sunt, & cecidérunt : * nos autem surréximus, & erécti sumus.

Ils ont été pris, ils sont tombés : pour nous, nous nous sommes redressés, & nous nous sommes levés.

Dómine, salvũ fac Regem : * & exáudi nos in die qua invocavérimus te.

Seigneur, sauvez le Roy : & écoutez-nous lorsque nous vous invoquons.

Glória Patri.

Gloire au Pere.

SEigneur, que les Sacrifices auxquels nous avons participé dans la solemnité de votre bien-heureux Pontife Nicolas, nous fortifient par une protection continuelle.

SAcrificia quæ sumpsimus, Dómine, pro solemnitáte beati Pontifici tui Nicolai, sempitérnâ nos protectióne confirment.

Oraison.

FAites, s'il vous plaît, Dieu tout-puissant, que votre serviteur N. notre Roy, qui par votre miséricorde a reçû la conduite de ce Royaume, reçoive aussi l'accroissement de toutes les vertus : afin que les possédant d'une maniere digne d'un Roy, il évite les vices comme autant de monstres, il surmonte ses ennemis ; & que vous étant agréable, il puisse arriver jusqu'à vous, qui êtes la voie, la vérité & la vie. Vous qui vivez.

QUæsumus, omnipotens Deus, ut fámulus tuus Rex noster N. qui tuâ miseratióne suscépit Regni gubernácula, virtútum étiam ómnium percípiat increménta : quibus decénter ornátus, vitiórum monstra devitáre, hostes superáre ; & ad te, qui via, véritas, & vita es, gratiósus váleat pervénire. Qui vivis.

AUX SECONDES VESPRES.

*Les Antiennes & les Pseaumes comme aux pre-
mières Vespres, page 49. excepté le dernier Pseaume
au lieu duquel on dit le suivant.*

PSEAUME 131.

EMENTO Dó-
mine David ; *
& omnis mansuetú-
dinis ejus ;

Sicut jurávit Dó-
mino ; * votum vo-
vit Deo Jacob.

Si introíero in ta-
bernáculum domus
meæ ; * si ascéndero
in lectum stráti mei ;

Si dédero som-
num óculis meis : *

SOUVENEZ-VOUS
de David, Sei-
gneur , & de
toute sa douceur.

De la promesse qu'il
a faite avec serment
au Seigneur ; du vœu
qu'il a fait au Dieu de
Jacob.

Je n'entrerai point
dans le dedans de ma
maison ; je ne monte-
rai point sur le lit où
je me couche ;

Je ne donnerai point
de sommeil à mes yeux ,

je ne fermerai point mes paupieres pour dormir ;

Je ne reposerai point ma tête jusqu'à ce que je trouve un lieu pour le Seigneur, une maison pour le Dieu de Jacob.

Nous avons entendu dire qu'elle étoit en Ephrate, nous l'avons trouvée dans des champs environnés de bois.

Nous entrerons dans son tabernacle, nous adorerons dans le lieu où ses piés se sont arrêtés.

Levez-vous, Seigneur, venez dans le lieu de votre repos, vous & l'Arche de votre sainteté.

Que vos Prêtres soient revêtus de la justice, & que vos Saints se réjouissent.

& pálpebris meis dormitatiónem ;

Et réquiem tempóribus meis, donec invéniam locum Dómino ; * tabernáculum Deo Jacob.

Ecce audívimus eam in Ephrátâ ; * invénimus eam in campis silvæ.

Introíbimus in tabernáculum ejus ; * adorábimus in loco ubi stetérunt pedes ejus.

Surge, Dómine, in réquiem tuam ; * tu & arca sanctificatiónis tuæ.

Sacerdótes tui induántur justítiam ; * & Sancti tui exúltent.

Propter David servum tuum ; * non avértas fáciem Christi tui.

A cause de David votre serviteur, ne détournez point le visage de votre Christ.

Jurávit Dóminus David veritátem , & non frustrábitur eum ; * de fructu ventris tui ponam super sedem tuam :

Le Seigneur a fait à David un serment dans la vérité , & il ne le trompera point : il lui a dit , je mettrai vos enfans sur votre trône :

Si custodíerint filii tui testaméntum meum ; * & testimónia mea hæc quæ docébo eos ;

Si vos enfans gardent mon alliance , & les ordonnances que je leur enseignerai ;

Et filii eórum usque in sæculum ; * sedébunt super sedem tuam.

Et leurs enfans seront toûjours assis sur votre trône.

Quóniam elégit Dóminus Sion ; * elégit eam in habitatiónem sibi.

Parce que le Seigneur a choisi Sion ; il l'a choisi pour en faire sa demeure.

Hæc réquies mea in sæculum sæculi ; *

C'est le lieu où je reposerai toûjours , j'y

demeurerai, parce que je l'ai choisi.

Je comblerai sa veuve de bénédictions, je rassasierai ses pauvres de pain.

Je revêtirai ses Prêtres du salut ; & ses Saints seront remplis de joie.

J'y établirai la forteresse de David, j'ai préparé une lampe à mon Christ.

Je couvrirai ses ennemis de confusion ; mais pour lui, ma sainteté fleurira sur lui.

Gloire au Pere.

hîc habitábo quóniam elégi eam.

Víduam ejus benedícens benedícam ; * páuperes ejus saturábo pánibus.

Sacerdótes ejus índuam salutári ; * & Sancti ejus exultatióne exultábunt.

Illuc prodúcam cornu David ; * parávi lucérnam Christo meo.

Inimícos ejus índuam confusióne ; super ipsum autem efflorébit sanctificátio mea.

Gloria Patri.

Le Chapitre & l'Hymne sont les mêmes qu'aux premieres Vêpres, pages 58. & 60.

℣. J'étendrai la puissance de sa main sur la mer.

℣. Ponam in mari manum ejus.

℟. Et in flumí- | ℟. Et la force de sa
nibus déxteram e- | droite sur les fleuves.
jus. *Pf.* 88. | *Pf.* 88.

Cantique Magnificat, *page 63.*

Ant. Cùm effú- | *Ant.* Quand vous au-
deris esuriénti áni- | rez assisté le pauvre a-
mam tuam, & áni- | vec une effusion de
mam afflíctam re- | cœur, & que vous au-
pléveris, réquiem | rez rempli *de consola-*
tibi dabit Dóminus | *tion* l'ame affligée, le
semper, & implébit | Seigneur vous tiendra
splendóribus áni- | toûjours dans le repos,
mam tuam, & ossa | il remplira votre ame
tua liberábit : & eris | de ses splendeurs, il
sicut fons aquárum, | engraissera vos os, &
cujus non deficient | vous serez comme une
aquæ. Allelúia. *Isaï.* | fontaine dont les eaux
cap. 58. | ne séchent jamais.
 | Louez Dieu. *Isaïe ch.*
 | 58.

O R A I S O N.

DEus, qui beá- | **O** Dieu, qui avez
tum Nico- | fait éclater par une
laum Pontíficem | infinité de miracles le
innumeris decorá- | bien-heureux Evêque
sti miráculis ; trí- | Nicolas ; faites, s'il

vous plaît, que par ses mérites & par ses priéres, nous soyons delivrés du feu de l'enfer. Par notre Seigneur.

bue, quæsumus, ut ejus méritis & précibus, à gehénnæ incéndiis liberémur. Per Dóminum nostrum.

Le neuviéme May.

FESTE
DE LA TRANSLATION
DE S. NICOLAS
EVESQUE DE MYRE.

AUX PREMIERES VESPRES.

Pſ. Dixit Dóminus, *page 49.*

Antienne.

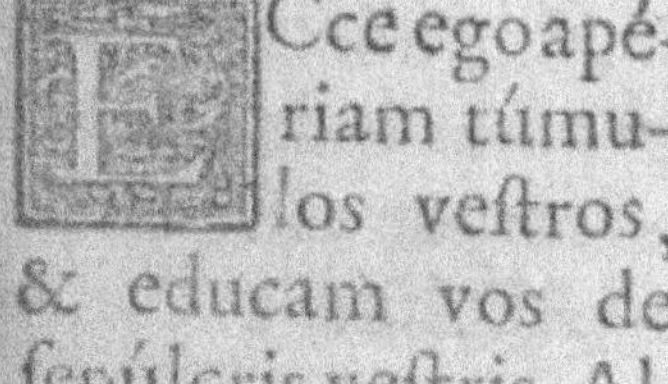 Cce ego apériam túmulos veſtros, & educam vos de ſepúlcris veſtris. Allelúia. *Ezech. cap.* 17.

 Oici que je vais ouvrir vos tombeaux, & que je vous ferai ſortir de vos ſépulcres. Louez Dieu. *Ezech. ch.* 37.

H

Pſ. Confitébor tibi Dómine , *page 51.*

Ant. Je verrai mon Dieu dans ma chair, loüez Dieu, loüez Dieu ; c'eſt l'eſperance que j'ai & qui repoſera dans mon cœur. Louez Dieu. *Job. ch. 19.*

Ant. In carne mea vidébo Deum meũ, allelúia, allelúia : repóſita eſt hæc ſpes mea in ſinu meo Allelúia. *Job. ch. 19.*

Pſ. Beatus vir , *page 54.*

Ant. Comme le Pere reſſuſcite les morts ; ainſi le Fils donne la vie à qui lui plaît. Loüez Dieu. *Jean cb. 5.*

Ant. Sicut pater ſuſcitat mortuos ; ſic & Fílius, quos vult vivíficat. Allelúia. *Joan. cap. 5.*

Pſ. Laudáre púeri , *page 56.*

Ant. Le Corps eſt mis en terre tout difforme, & il reſſuſcitera tout glorieux, loüez Dieu , il eſt mis en terre privé de mouvement , & il reſſuſcitera plein de vigueur. Louez Dieu. *1. Cor. ch. 15.*

Ant. Semináturis corpus in ignobilitáte , ſurget in glória , allelúia. Seminátur in infirmitáte, ſurget in virtúte Allelúia. *1. Cor. cap. 15.*

Pf. Laudáte Dóminum , *page 58.*

Ant. Expectátio creatúræ, revelatiónem filiórum Dei expéctat. Allelúia. *Rom. cap. 8.*

Ant. Les créatures attendent avec un grand désir la manifestation des enfans de Dieu. Louez Dieu. *Rom. ch. 8.*

CHAPITRE. 2. *Cor. ch. 5.*

FRatres : Scimus quóniam si terréstris domus nostra hujus habitatiónis dissolvátur, quod ædificatiónem ex Deo habémus, domum non manufáctam, ætérnam in cœlis.

MEs Freres : Nous sçavons que si cette maison de terre où nous habitons vient à se dissoudre, Dieu nous donnera dans le Ciel une autre maison, une maison qui ne sera point faite de main d'homme, & qui durera éternellement.

℞. Deo grátias.

℞. Graces à Dieu.

℞. Custódit Dóminus ómnia ossa ejus : * Unum ex his non conterétur. Allelúia. *Pf. 33.*

℞. Le Seigneur garde exactement tous ses os. * Un seul de ses os ne pourra être brisé. Louez Dieu. *Pf. 33.*

℣. Memória illíus

℣. Sa mémoire sera en

bénédiction, & ses os refleuriront dans son sepulcre. * Un seul. Gloire. * Un seul. *Eccl. chap. 46.*

in benedictióne erit, & ossa ejus pullulábunt de loco suo. * Unum. Glória. * Unum. *Eccli. cap. 46.*

HYMNE. *Santol. vict.*

QUel est donc ce Pasteur ? que sa puissance est grande !

En venant l'invoquer chacun sent sa vertu

Et ne retourne point, quelque bien qu'il demande, Sans l'avoir obtenu.

A-t-on à supporter les soins du mariage ?

Goûte-t-on les douceurs d'un heureux célibat ?

Jeunes, vieillards, enfans, il protege tout âge, Tout sexe, & tout état.

Les dons qu'à ses Au-

QUantus hic ! cujus véniens ad ædem,

Déxterum sentit sibi quisque numen, Et domum semper redit impetráto Múnere lætus.

Te nurus castæ, viduæque matres, Vírgines, sponsæ, júvenes, senésque, Omnis & sexus réperit patrónum, Omnis & ætas.

Ad sacros postes sua

dona figit

Naufragus, jam nil
métuens perícli :
Vos & innuptæ fine
dote fertis.
 Serta puéllæ.

***

Te procellófi tre-
muére fluctus ;

Ut jubes, proni po-
fuére venti ;

Te vocant nautæ,
maris æftuófi
 Unda quiéfcit.

En vides quantis
agitáta curis

Corda, quot triftes
rápiant procéllæ ;
Advola promptus,
rege nos, dolófum
 Cúrrimus æquor.

tels offrent tant de
personnes,
Prouvent que du nau-
frage il les a délivrés :
Et vous, Vierges fans
dot, vous donnez des
couronnes.
 Que vous lui con-
 facrez.

***

Les flots, quoi qu'irri-
rés redoutent fa puif-
fance ;
A fon ordre les vents
modérent leur ri-
gueur :
On l'invoque, & la mer
pleine d'obéiffance
 Appaife fa fureur.

***

Pafteur, vois quel ora-
ge, & quelle inquié-
tude
Tourmente nôtre cœur
ici bas tous les jours ;
Contre tant de dangers
viens avec prompti-
tude
 Nous donner du fe-
 cours.

Sa charité s'étend au
de-là de sa vie:

Son Sepulcre distille
une sainte liqueur,

Malades, hâtez-vous,
ce baume vous convie,
Et chasse la langueur.

Gloire au Pere éternel,
gloire au Fils son ima-
ge,

Dont le Prélat de Myre
a soutenu les droits:

Gloire à l'Esprit des
deux, & qu'un pareil
hommage
Se rende à tous les
trois. Ainsi soit-il.

℣. Ses os ont été
conservés avec soin,

℟. Et ont prophétisés
après sa mort. *Eccli.
ch. 49.*

Prófuit vivus, favet
& sepúltus;

It salutáris liquor è
sepúlcro;

Turba languéntum
properáte, præstat
Ille salútem.

Summa laus Patri,
tibi summa nate,

Cujus ætérnum be-
nè NICOLAUS
Víndicat Numen;
tibi par supérni
Nexus amóris,
Amen.

℣. Ossa ipsius vi-
sitáta sunt,

℟. Et post mor-
tem prophetavé-
runt *Eccli. cap. 49.*

Cantique Magnificat, *page 63.*

Ant. Cet homme na-
quit pour être l'appui

Ant. Natus est ho-
mo firmaméntum

gentis , rector fra-
trum , stabiliméntum pópuli : ossa ipsíus visitáta sunt , &
post mortem prophetavérunt. Alle-
lúia. *Eccli. cap. 49.*

de sa nation, le gou-
verneur de ses freres,
le ferme appui de son
peuple : Ses os ont été
conservés avec soin , &
ont prophétisés après sa
mort. Louez Dieu. *Eccli.
cb. 49.*

ORAISON.

AUge in nobis, Dómine , re-
surrectiónis fidem , qui in Sanctórum tuórum relíquiis mirabília operáris ; & fac nos immortális glóriæ partícipes, cujus in eórum ci-
néribus pígnora ve-
nerámur. Per Dóminum.

SEigneur, qui opérez de grandes merveil-
les dans les Reliques de vos Saints , augmentez en nous la foi de la resurrection ; & rendez-
nous participans de la gloire immortelle , dont nous révérons les gages dans leur cendres. Par notre Seigneur.

A LA PROCESSION.

℟. Cuſtodit. *page 91.*

℣. Ma chair ſe repo-
ſera dans l'eſpérance.

℟. C'eſt pour cela
que mon cœur s'eſt ré-
joüi. *Pſ. 15.*

℣. Caro mea re-
quiéſcet in ſpe.

℟. Propter hoc
lætátum eſt cor
meum. *Pſ. 15.*

ORAISON.

Auge in nobis Dómine, *page ſuivante.*

A LA MESSE.

INTROÏT.

Ous attendons
le Sauveur no-
tre Seigneur
Jeſus-Chriſt, qui trans-

Alvatórem
expectámus
Dóminum
noſtrum Jeſum Chri-
ſtum

ſtum, qui reformábit corpus humilitátis noſtræ, configurátum córpori claritátis ſuæ. Allelúia, Allelúia. *Philipp. cap. 3.*

Pſ. Exaltábo te, Dómine, quóniam ſuſcepíſti me, nec delectáſti inimícos meos ſuper me. *Pſ.* 29. Glória. Salvatórem.

formera notre corps tout vil & abject qu'il eſt, afin de le rendre conforme à ſon corps glorieux. Louez Dieu, Louez Dieu. *Philipp. ch. 3.*

Pſ. Je publierai vos grandeurs, Seigneur, parce que vous m'avez relevé, & que vous n'avez pas donné lieu à mes ennemis de ſe réjouir ſur mon ſujet. *Pſ.* 29. Gloire. Nous attendons.

Glória in excelſis, *pag. 9.*

ORAISON.

AUge in nobis, Dómine, reſurrectiónis fidem, qui in Sanctórum tuórum reliquiis mirabília operáris; & fac nos immortális glóriæ partícipes,

SEigneur, qui opérez de grandes merveilles dans les Reliques de vos Saints, augmentez en nous la foi de votre Réſurrection, & rendez-nous participans de la gloire immortelle

I

dont nous révérons les gages dans leurs cendres Par notre Seigneur.

cujus in eórum cinéribus pígnora venerámur. Per Dóminum nostrum.

Lecture de l'Epitre de saint Paul aux Corinthiens. 2. Cor. ch. 5.

Léctio Epístolæ beáti Pauli Apóstoli ad Corínthios. 2. *Cor. cap.* 5.

MEs freres, nous sçavons que si cette maison de terre où nous habitons vient à se dissoudre, Dieu nous donnera dans le Ciel une autre maison, une maison qui ne sera point faite de main d'homme, & qui durera éternellement. C'est ce qui nous fait soûpirer dans le desir que nous avons d'être revétus *de la gloire, qui est* cette maison céleste ; si toutefois nous sommes trouvés vétus & non pas nuds. Car pendant

FRatres, scimus quóniam si terréstris domus nostra hujus habitatiónis dissolvátur, quòd ædificatiónem ex Deo habémus, domum non manufáctam æternam in cœlis. Nam & in hoc ingemíscimus, habitatiónem nostram, quæ de cœlo est, superíndui cupiéntes ; si tamen vestíti, non nudi inveniámur. Nam &

qui sumus in hoc tabernáculo ingemíscimus graváti : eo quòd nólumus expoliári, sed super vestíri, ut absorbeátur quod mortále est, à vita.

que nous sommes dans ce corps, comme dans une tente, nous soûpirons sous sa pesanteur, parce que nous ne désirons pas d'en être dépouillés, mais d'être revétus par-dessus, en sorte que ce qu'il y a de mortel en nous soit absorbé par la vie.

Allelúia, Allelúia. ℣. Mórtui estis, & vita vestra abscóndita est cum Christo in Deo. *Coloss. cap.* 3.

Louez Dieu, louez Dieu. ℣. Vous êtes morts, & votre vie est cachée en Dieu, avec Jesus-Christ. *Coloss. ch.* 3.

Allelúia, Allelúia. ℣. Cùm Christus appáruerit vita vestra, hunc & vos apparébitis cum ipso in glóriâ. Allelúia. *Coloss. cap.* 3.

Louez Dieu, louez Dieu. ℣. Lorsque Jesus-Christ, qui est votre vie, viendra à paroître, vous paroîtrez aussi avec lui dans la gloire. Louez Dieu. *Coloss. ch.* 3.

PROSE.

Fidéles, hùc concúrrite ; *comme à la Messe de saint Nicolas, page* 71.

I ij

Suite du saint Evangile selon saint Matthieu. *ch.* 22.

Sequéntia sancti Evangélii secúndùm Matthæum. *cap.* 22.

EN ce jour-là, les Sadducéens qui nient la résurrection, vinrent trouver Jesus, & lui proposerent une question, en lui disant: Maître, Moïse a ordonné que si quelqu'un mouroit sans enfans, son frere épousât sa femme, & qu'il suscitât des enfans à son frere *mort*. Or il y avoit sept freres parmi nous, dont le premier ayant épousé une femme, est mort ; & n'ayant point eu d'enfans, il a laissé sa femme à son frere. La même chose arriva au second, & au troisiéme, *& à tous les autres* jusqu'au septiéme. Enfin cette femme est

IN illo die accessérunt ad Jesum Sadducæi, qui dicunt non esse resurrectiónem : & interrogavérunt eum, dicéntes : Magíster, Móyses dixit : Si quis mórtuus fúerit non habens filium, ut ducat frater ejus uxórem illíus, & súscitet semen fratri suo. Erant autem apud nos septem fratres ; & primus, uxóre ductâ, defunctus est : & non habens semen, relíquit uxórem suam fratri suo. Simíliter secúndus, & tértius, usque ad séptimum. Novíssimè autem ómnium & múlier defúncta est. In resurrectióne ergo cujus erit de septem uxor ? Omnes enim habuérũt eam. Respóndens autem Jesus, ait illis : Erratis nesciéntes Scriptúras , neque virtútem Dei. In resurrectióne enim , neque nubent , neque nubéntur : sed erunt sicut Angeli Dei in cœlo. De resurrectióne autem mortuórum non legístis quod dictum est à Deo, dicénte vobis : Ego sum Deus Abraham , & Deus Isaac, & Deus Ja-

morte aussi après eux tous. Lors donc que la résurrection arrivera , duquel de ces sept serat-elle femme , puisqu'ils l'ont tous eue ? Jésus leur répondit : Vous êtes dans l'erreur , ne comprenant pas les Ecritures , ni la puissance de Dieu. Car après la résurrection les hommes n'auront point de femmes , ni les femmes de maris ; mais ils seront comme les Angés de Dieu dans le Ciel. Et pour ce qui est de la résurrection des morts , n'avez - vous point lû ces paroles que Dieu vous a dites : Je suis le Dieu d'Abraham , le Dieu d'Isaac, & le Dieu de Jacob ? Or Dieu n'est point le Dieu des morts , mais des vivans.

cob ? Non est Deus mortuórum , sed vivéntium.

Credo , *page* 14.

OFFERTOIRE.

OFfrons nos corps *comme* une hostie vivante, sainte, & agréable à Dieu. Loüez Dieu. *Rom. ch.* 12.

EXhibeámus córpora nostra hóstiam vivéntem , sanctam , Deo placéntem. Alleluia. *Rom. cap.* 12.

SECRETE.

SEigneur , nous vous offrons ces sacrés dons en publiant vos merveilles dans la fête de la Translation du corps de saint NICOLAS ; faites , que comme ses mérites vous sont agréables , ainsi les devoirs de notre servitude deviennent dignes d'être reçûs favorablement de vous. Par

IN Translatióne corporis sancti NICOLAI , tua , Dómine , mirabília prædicántes , múnera votíva deférimus : præsta ut sicut ejus tíbi grata sunt mérita , sic nostræ servitútis accépta reddántur officia. Per

Dóminum nostrum Jesum Christum Fílium tuum.

notre Seigneur Jesus-Christ votre Fils.

PRÉFACE.

PEr ómnia sæcula sæculórum.

ꝶ. Amen.

Dóminus vobiscum.

ꝶ. Et cum spíritu tuo.

Sursum corda.

ꝶ. Habémus ad Dóminum.

Grátias agámus Dómino Deo nostro.

ꝶ. Dignum & justum est.

VErè dignum & justum est, æquum & salutáre, te quidem, Dómine, omni témpore, sed in hoc potíssimùm

DANs tous les siécles des siécles.

ꝶ. Ainsi soit-il.

Le Seigneur soit avec vous.

ꝶ. Et avec votre esprit.

Elevez vos cœurs.

ꝶ. Nous les avons élevés au Seigneur.

Rendons graces au Seigneur notre Dieu.

ꝶ. Cela est juste & raisonnable.

VEritablement il est juste & raisonnable, équitable & salutaire de vous louer, Seigneur, en tout tems, mais principalement &

avec plus de gloire en celui-ci auquel Jesus-Christ notre Agneau Paschal a été immolé : car il est le vrai Agneau qui a ôté les péchés du monde, qui en mourant a détruit notre mort, & en ressuscitant nous a redonné la vie. C'est pourquoi avec les Anges & les Arcanges, les Trônes & les Dominations, & avec toute la milice de l'armée céleste, nous chantons l'hymne de votre gloire, en disant sans cesse :

Saint, Saint, Saint est le Seigneur, le Dieu des armées. Votre gloire remplit le Ciel & la terre, hosanna, salut & gloire au plus haut des Cieux. Béni soit celui qui vient au Nom

gloriósiùs prædicáre, cùm Pascha nostrum immolátus est Christus : ipse enim verus est Agnus, qui ábstulit peccáta mundi ; qui mortem nostram moriéndo destrúxit, & vitam resurgéndo reparávit. Et ideo cum Angelis & Archángelis, cum Thronis & Dominatiónibus, cumque omni milítiâ cœléstis exercitûs, hymnum glóriæ tuæ cánimus, sine fine dicéntes : Sanctus, Sanctus, Sanctus Dóminus Deus sábaoth. Pleni sunt cœli & terra glóriâ tuâ, hosánna in excélsis, Benedíctus qui ve-

nit in nómine Dó-   du Seigneur, hosánna,
mini, hosánna in   salut & gloire au plus
excélsis.   haut des Cieux.

Canon. Te igitur, *page 26.*

COMMUNION.

Magnificábi-   JEsus-Christ
tur Christus   sera glorifié dans
in córpore meo, si-   mon corps, soit par ma
ve per vitam, sive   vie, ou par ma mort.
per mortem. Alle-   Louez Dieu. *Philip. ch.*
lúia. *Philip. cap. 1.*   1.

Pf. Exáudiat, *page 80.*

POST-COMMUNION.

SUmptis, Dó-   SEigneur, ayant re-
mine, Sacra-   çû ces Sacremens,
méntis, quæsumus,   faites, s'il vous plaît,
ut dum virtútis tuæ   qu'en célébrant la gloi-
glóriam in Transla-   re de votre puissance en
tióne sancti NICO-   la Translation de saint
LAI celebrámus, fi-   NICOLAS, nous nous
dei nostræ proficiá-   avancions aussi par l'ac-
mus augménto,   croissement de notre
                 foi

ORAISON.

Faites, s'il vous plaît, Dieu tout-puissant, que votre serviteur N. notre Roy, qui par votre miséricorde a reçû la conduite de ce Royaume, reçoive aussi l'accroissement de toutes les vertus : afin que les possédant d'une maniere digne d'un Roy, il évite les vices comme autant de monstres, il surmonte ses ennemis ; & que vous étant agréable, il puisse arriver jusqu'à vous, qui êtes la voie, la vérité & la vie. Vous qui vivez.

Quæsumus, omnipotens Deus, ut fámulus tuus Rex noster N. qui tuâ miseratióne suscépit Regni gubernácula, virtútum étiam ómnium percípiat increménta : quibus decénter ornátus, vitiórum monstra devitáre, hostes superáre ; & ad te, qui via, véritas, & vita es, gratiósus váleat pervenire. Qui vivis.

AUX SECONDES VESPRES.

Les Pseaumes & les Antiennes comme aux premieres Vespres, page 89. excepté le dernier Pseaume, au lieu duquel on dit : Meménto, Dómine, David, *page 83.*

Chapitre. Fratres : Scimus, *page 91.*

Hymne. Quantus hic ! *page 92.*

℣. Caro mea requiéscet in spe.

℟. Propter hoc lætátum est cor meum. *Ps.* 15.

℣. Ma chair se reposera dans l'espérance.

℟. C'est pour cela que mon cœur s'est réjoui. *Ps.* 15.

Cantique. Magnificat , *page 63.*

Ant. Cùm effúderis, *page 87.*

ORAISON.

SEigneur, qui opérez de grandes merveilles dans les Reliques de vos Saints, augmentez en nous la foi de la résurrection ; & rendez-nous participans de la gloire immortelle, dont nous révérons les gages dans leurs cendres. Par notre Seigneur.

AUge in nobis, Dómine, resurrectiónis fidem, qui in Sanctórum tuórum relíquiis mirabília operáris ; & fac nos immortális glóriæ partícipes, cujus in eórum cinéribus pígnora venerámur. Per Dóminum noſtrum.

AVERTISSEMENT.

Le lendemain de la Fête & de la Tranſlation de ſaint Nicolas (s'il n'eſt point Dimanche) on dit un Service ſolemnel pour les défunts Confreres ; on chante auparavant un Nocturne ſelon le jour, ſuivant ce qui eſt marqué ci-après.

L'OFFICE
DES MORTS.

PREMIER NOCTURNE.

Pour le Lundy & le Jeudy

Antienne. Dómine.

PSEAUME 5.

VERBA mea aúribus pércipe Dómine : * intéllige clamórem meum.

Inténde voci oratiónis meæ : * Rex meus, & Deus meus.

SEIGNEUR, prétez l'oreille à mes paroles ; entendez mes cris.

Soyez attentif à la voix de ma priere ; vous qui êtes mon Roy & mon Dieu.

Comme c'est vous que je prierai, Seigneur, vous exaucerez ma voix dès le matin.

Je me présenterai dès le matin devant vous, & je connoîtrai que vous n'êtes pas un Dieu qui approuve l'iniquité.

L'homme qui est malin ne demeurera pas près de vous ; & les injustes ne subsisteront point devant vos yeux.

Vous haïssez tous ceux qui commettent l'iniquité : vous perdrez toutes les personnes qui proferent le mensonge.

Le Seigneur aura en abomination l'homme sanguinaire & trompeur.

Mais pour moi, me confiant dans l'abondance de votre misé-

Quóniam in te orábo : * Dómine, manè exaúdies vocem meam.

Manè astábo tibi & vidébo : * quóniam non Deus volens iniquitátem tu es.

Neque habitábit juxtá te malígnus : * neque permanébunt injústi ante óculos tuos.

Odísti omnes qui operántur iniquitátem : * perdes omnes qui loquúntur mendácium.

Virum sánguinum & dolósum * abominábitur Dóminus.

Ego autem in multitúdine misericórdiæ tuæ introíbo

in domum tuam : * adorábo ad Templum sanctum tuum in timóre tuo.

Dómine deduc me in justítia tua : * própter inimícos meos dírige in conspéctu tuo viam meam.

Quóniam non est in ore eorum véritas : * cor eórum vanum est.

Sepúlchrum patens est guttur eórum , linguis suis dolósè agébant : * júdica illos Deus.

Décidant à cogitatiónibus suis, secúndùm multitúdinem impietátum eórum expélle eos : * quóniam irritavérunt te , Dómine.

ricorde, j'entrerai dans votre maison : & rempli de votre crainte , je vous adorerai dans votre saint Temple.

Conduisez-moi, Seigneur , dans *la voie* de votre justice : rendez droite ma voie devant vos yeux à cause de mes ennemis.

Car la vérité n'est point dans leur bouche ; leur cœur est rempli de vanité.

Leur gosier est *comme* un sepulcre ouvert : ils se sont servis de leurs langues pour tromper : jugez-les *mon* Dieu.

Faites-les déchoir de leurs pensées : repoussez-les à cause de la multitude de leurs impiétés, parce qu'ils vous ont irrité, Seigneur.

Mais que tous ceux qui mettent en vous leur espérance, se réjouissent; ils seront éternellement remplis de joie, & vous habiterez dans eux.

Et laeténtur omnes qui sperant in te: * in aeternùm exultábunt & habitábis in eis.

Et tous ceux qui aiment votre *saint* Nom se glorifieront en vous; parce que vous répandrez votre benédiction sur le juste.

Et gloriabúntur in te omnes qui diligunt nomen tuum:* quóniam tu benedíces justo.

Seigneur, vous nous avez couverts de votre amour, comme d'un bouclier.

Dómine, ut scuto bonae voluntátis tuae * coronásti nos.

Au lieu de Glória*, on dit ce verset.*

Donnez-leur, Seigneur, le repos éternel; & que la lumiere éternelle les éclaire.

Réquiem aetérnam dona eis Dómine; * & lux perpétua lúceat eis.

Ant. Conduisez-moi, Seigneur, dans les voies de votre justice : rendez droite ma voie devant vos yeux à cause de mes ennemis. *Pf.* 5.

Ant. Dómine, deduc me in justitiâ tuâ : propter inimícos meos dírige in conspectu tuo viam meam. *Pf.* 5.

Ant.

Ant. Salvum.

Pseaume 6.

DOmine, ne in furóre tuo arguas me : * neque in irâ tuâ corrípias me.

Miserére mei Dómine, quóniam infirmus sum : * sana me, Dómine, quóniam conturbáta sunt ossa mea.

Et ánima mea turbáta est valdè : * sed tu, Dómine, úsquequò ?

Convértere, Dómine, & éripe ánimam meam : * salvum me fac propter misericórdiam tuam.

Quóniam non est

SEigneur, ne me reprenez pas dans votre fureur : & ne me corrigez pas dans votre colere.

Ayez pitié de moi, Seigneur, parce que je suis foible : guérissez-moi, Seigneur, parce que mes os sont troublés.

Et mon ame est extrêmement troublée : mais pour vous, Seigneur, jusqu'à quand *me laisserez-vous en cet état ?*

Tournez-vous vers moi, & délivrez mon ame ; sauvez-moi à cause de votre miséricorde.

Car il n'y a personne

K

dans la mort qui se souvienne de vous : & qui vous louera dans l'enfer ?

Je me suis fatigué en poussant des gémissemens : je laverai mon lit toutes les nuits, j'arroserai de mes larmes le lit où je couche.

Mon œil est troublé, tant la fureur est grande : j'ai vieilli au milieu de mes ennemis.

Retirez-vous & éloignez-vous tous de moi, vous qui commettrez l'iniquité ; parce que le Seigneur a été touché de mes larmes.

Le Seigneur a écouté mon humble priere : le Seigneur a reçu favorablement ma priere.

Que tous mes enne-

in morte qui memor sit tuî : * in inférno autem quis confitébitur tibi ?

Laborávi in gémitu meo ; lavábo per síngulas noctes lectum meum : * lácrymis meis strátum meum rigábo.

Turbátus est à furóre óculus meus : * inveterávi inter omnes inimícos meos.

Discédite à me omnes qui operámini iniquitátem : quóniam exaudívit Dóminus vocem fletûs mei.

Exaudívit Dóminus deprecatiónem meam : * Dóminus oratiónem meam suscépit.

Erubéscant &

conturbéntur vehe-
ménter omnes ini-
míci mei : * conver-
tántur & erubéf-
cant valdé velóci-
ter.

Réquiem ætér-
nam dona eis , Dó-
mine ; * & lux per-
pétua lúceat eis.

Ant. Salvum me
fac propter miféri-
córdiam tuam, quó-
niam non eft in
morte qui memor
fit tuî. *Pf. 6.*

mis rougiffent , & qu'ils
foient faifis de trouble :
qu'ils tournent le dos, &
qu'ils rougiffent au plû-
tôt.

Donnez - leur , Sei-
gneur, le repos éternel ,
& que la lumiere éter-
nelle les éclaire.

Ant. Sauvez - moi à
caufe de votre miféri-
corde, car il n'y a per-
fonne dans la mort qui
fe fouvienne de vous.
Pf. 6.

Ant. Illúmina.

PSEAUME 12.

USquequò, Dó-
mine, oblivif-
céris me in finem : *
ufquequò avertis fa-
ciem tuam à me ?

Quamdiù ponam
consília in ánimâ

JUfqu'à quand m'ou-
blierez - vous , Sei-
gneur, fera-ce pour toû-
jours ? jufqu'à quand me
cacherez-vous votre vi-
fage ?

Jufqu'à quand mon
ame fera-t-elle agitée de

différentes pensées, & mon cœur d'inquiétudes pendant tout le jour?

Jusqu'à quand mon ennemi s'élevera-t-il au dessus de moi? regardez-moi, & exaucez-moi, Seigneur mon Dieu.

Éclairez mes yeux, afin que je ne m'endorme pas d'un sommeil de mort, & que mon ennemi ne dise point: je l'ai emporté sur lui.

Ceux qui me persécutent, seront ravis de joie si je suis ébranlé: mais pour moi j'ai une ferme espérance dans votre miséricorde.

Mon cœur sera transporté de joie, lorsque vous me délivrerez: je chanterai les louanges du Seigneur qui m'a

meâ: * dolórem in corde meo per diem?

Usquequò exaltábitur inimícus meus super me?* respice, & exaudi me, Dómine Deus meus.

Illúmina occulos meos, ne unquam obdormiam in morte, * nequandò dicat inimícus meus: prævalui adversùs eum.

Qui tríbulant me, exultábunt si motus fúero; * ego autem in misericórdià tuâ speravi.

Exultábit cor meum in salutári tuo: * cantábo Dómino qui bona tribuit mihi, & psal-

Iam nómini Dómini altíssimi.

comblé de faveurs, & je célébrerai dans mes cantiques le nom du Très-haut.

Réquiem æternam dona eis Dómine ; * & lux perpetua lúceat eis.

Donnez-leur, Seigneur, le repos éternel, & que la lumiere éternelle les éclaire.

Ant. Illúmina oculos meos, ne unquam obdórmiam in morte. *Pf.* 12.

Am. Eclairez mes yeux ; afin que je ne m'endorme pas d'un sommeil de mort. *Pf. 12.*

℣. Ne tradas bestiis ánimas confitentes tibi.

℣. Ne livrez pas aux bêtes ceux qui vous louent.

℟. Et ánimas pauperum tuórum ne obliviscáris in finem *Pf. 73.*

℟. Et n'oubliez pas pour toujours les ames de vos pauvres. *Pf. 73.*

Pater noster, *tout bas ; puis tout haut,* Et ne nos indúcas in tentatiónem.
℟. Sed líbera nos à malo.

j. Leçon *Job. ch. 7.*

PArce mihi, nihil enim funt lies mei. Quid est

EPargnez-moi, *Seigneur,* car mes jours ne font qu'un néant.

Qu'est-ce que l'homme, pour mériter que vous le regardiez comme quelque chose de grand? Et pourquoi daignez-vous appliquer votre cœur sur lui? Vous le visitez le matin, & vous le mettez à l'épreuve aussi-tôt. Jusqu'à quand différerez-vous de m'épargner, & de me donner quelque relâche, afin que je puisse un peu respirer? J'ai péché, que ferai-je pour vous appaiser, ô Sauveur des hommes? Pourquoi m'avez-vous mis dans un état contraire à vous, & où je suis à charge à moi-même? Pourquoi n'ôtez-vous point mon péché, & ne me pardonnez-vous point mon iniquité? Je vais m'endormir dans la poussiere *du tombeau*, & quand vous me chercherez le matin, je ne serai plus.

homo, quia magníficas eum, aut quid appónis erga eum cor tuum? Vísitas eum dilúculo & súbitò probas illum. Usquequò non parcis mihi, nec dimíttis me, ut glútiam salívam meam? Peccávi: quid fáciam tibi, ô custos hóminum? Quare posuísti me contrárium tibi, & factus sum mihimetípsi gravis? Cur non tollis peccátum meum & quare non aufers iniquitátem meam? Ecce nunc in púlvere dórmiam; & si mane me quæsíeris, non subsístam.

℟. Defecérunt sicut fumus dies mei, & ossa mea sicut crémium aruérunt : * Dies mei sicut umbra declinavérunt.

℣. Quæ est vita nostra ? vapor est ad modicum parens * Dies mei. *Ps. 101. Jac. 4.*

℟. Mes jours se sont evanouis comme la fumée, & mes os se sont séchés comme du bois à demi consumé par le feu : * Mes jours se sont écoulés comme l'ombre.

℣. Qu'est ce que notre vie ? c'est une vapeur, qui paroît pour un peu de tems. * Mes jours. *Ps. 101. Jac. 4.*

ij. LEÇON. *Job. ch.* 10.

TÆdet ánimam meam vitæ meæ : dimittam advérsùm me elóquium meum. Loquar in amaritúdine ánimæ meæ, dicam Deo ; Noli me condemnáre, índica mihi cur me ita júdices ? Numquid bonum tibi vi-

LA vie m'est devenue ennuieuse, je m'abandonnerai aux plaintes contre moi-même, je parlerai dans l'amertume de mon ame. Je dirai à Dieu ; ne me condamnez pas, faites-moi connoître pourquoi vous me traitez de la sorte. Pourriez-vous vous plaire à me livrer à la calomnie, & à m'accabler, moiqui suis l'ouvrage de vos mains ? Pourriez-vous favoriser les mauvais desseins des impies ? Vos yeux sont-ils des yeux charnels, & regardez-vous les choses comme un homme les regarde ? Vos jours sont-ils semblables aux jours de l'homme, & vos années à ses années, pour vous informer de mes iniquités, & faire une exacte recherche de mon péché, & pour sçavoir que je n'ai rien fait d'impie, n'y ayant personne qui pût me tirer d'entre vos mains ? Ce sont vos mains, *Seigneur*, qui m'ont formé; ce sont elles qui ont arrangé toutes les parties de mon corps; & voudriez-vous après cela m'abîmer en un moment ? Souvenez-vous, je vous prie, que

détur, si calumniéris me, & ópprimas me opus mánuum tuárum, & consílium impiórum ádjuves ? Numquid óculi cárnei tibi sunt, aut sicut videt homo, & tu vidébis ? Numquid sicut dies hóminis dies tui, & anni tui sicut humána sunt tempora ; ut quæras iniquitátem meam, & peccatum meum scrutéris, & scias quia nihil ímpium fécerim ? cùm sit nemo qui de manu tua possit erúere. Manus tuæ fecérunt me & plasmavérunt me totum in circúitu, & sic repéntè præcípitas me ? Meménto quæso, so, quod sicut lutum féceris me , & in púlverem redúces me. Nonne sicut lac mulsísti me , & sicut cáseum me coagulásti: Pelle & carnibus vestísti me, óssibus & nervis compegísti me. Vitam & misericórdiam tribuísti mihi , & visitátio tua custodívit spíritum meum.

℟. Peccavi valdè ; sed * precor , Dómine , ut transferas iniquitàtem servi tui , quia stultè egi nimis.

℣. Deus propítius esto mihi peccatóri. * precor , Dómine. 2. Reg. 24. Luc. 18.

vous m'avez fait comme un ouvrage d'argile ; & que *dans peu de tems vous me réduirez en poudre.* Ne m'avez-vous pas fait d'abord comme un lait qui se caille , comme un lait qui s'épaissit & qui se durcit ? Vous m'avez revêtu de peau & de chair , vous m'avez affermi d'os & de nerfs. Vous m'avez donnné la vie & comblé de bienfaits , & la continuation de votre secours a conservé mon âme.

℟. Je vous ai beaucoup offensé , Seigneur ; mais * oubliez , je vous en conjure , l'iniquité de votre serviteur ; parceque je me suis livré à l'égarement de mon cœur.

℣. Mon Dieu , ayez pitié de moi , qui suis un pécheur. * oubliez. 2. Reg. 24. Luc. 18.

iij. LEÇON. *Job. ch. 10.*

POurquoi m'avez-vous tiré du ventre de ma mere? Plût à Dieu que je fusse mort, & que personne ne m'eût jamais vû. J'aurois été comme n'ayant point été, n'ayant fait que passer du sein de ma mere dans le tombeau. Le peu de jours qui me restent ne finiront-ils point bien-tôt? Donnez-moi donc un peu de relâche, afin que je puisse respirer dans ma douleur, avant que j'aille, sans esperance de retour, en cette terre ténébreuse, couverte de l'obscurité de la mort; cette terre de misere & de ténébres, où habite l'ombre de la mort, où tout est sans ordre, & dans une éternelle horreur.

QUare de vulvâ eduxísti me? qui útinàm consumptus essem, ne óculus me vidéret. Fuíssem quasi non essem, de útero translátus ad túmulum. Numquid non páucitas diérũ meórum finiétur brevi? Dimítte ergò me, ut plangam paùlulùm dolórem meũ: ántequàm vadam & non revértar, ad terram tenebrósam, & opértam mortis calígine; terram misériæ & tenebrárum; ubi umbra mortis & nullus ordo, sed sempiternus horror inhábitat.

℞. Ad Dóminum aspiciam, expectàbo Deum Salvatórem meum ; consúrgam cùm sédero in ténebris : * Iram Dómini portábo, quóniam peccávi ei.

℣. Flagellat Dóminus omnem fíliŭ quem récipit:* iram Dómini. *Mich.* 7. *Heb.* 12.

℞. Je jetterai les yeux sur le Seigneur : j'attendrai Dieu mon Sauveur : après avoir langui dans les ténébres , j'en sortirai : * je porterai le poids de la colere du Seigneur: parce que j'ai péché contre lui.

℣. Le Seigneur châtie tous ceux qu'il reçoit au nombre de ses enfans. * Je porterai. *Mich.* 7. *Heb.* 12.

SECOND NOCTURNE.

Pour le Mardi & le Vendredi.

Ant. In médio.

PSEAUME 22.

C'Est le Seigneur qui me conduit ; rien ne pourra me manquer : il m'a établi dans un lieu abondant en paturage.

Il m'a élevé près d'une eau fortifiante ; & il a fait revenir mon ame.

Il m'a conduit par les sentiers de la justice, pour *la gloire* de son nom.

Car quand même je marcherois au milieu de l'ombre de la mort,

DOminus regit me , & nihil mihi deérit : * in loco páscuæ ibi me collocávit.

Super aquam refectiónis educávit me : * ánimam meã convértit.

Dedúxit me super sémitas justitiæ , * propter nomen suum.

Nam, & si ambulávero in médio umbræ mortis, non

timébo mala , * quóniam tu mecum es.

je ne craindrai aucuns maux , parce que vous êtes avec moi.

Virga tua , & báculus tuus , * ipsa me consoláta sunt.

Votre verge & votre bàton ont été le sujet d'une grande consolation pour moi.

Parásti in conspéctu meo mensam , * advérsùs eos qui tríbulant me.

Vous avez préparé une table devant moi contre ceux qui me persécutent.

Impinguásti in óleo caput meum , * & calix meus inébrians quàm præclárus est !

Vous avez oint ma tête avec une huile *de parfums.* Que mon calice qui a la force d'enyvrer, est admirable !

Et misericórdia tua subsequétur me * ómnibus diébus vitæ meæ.

Et votre miséricorde me suivra dans tous les jours de ma vie.

Et ut inhábitem in domo Dómini * in longitúdinem diérum.

Afin que j'habite très-long-tems dans la maison du Seigneur.

Réquiem ætérnam dona eis, Dó-

Donnez - leur , Seigneur , le repos éternel ; & que la lumiere éternelle les éclaire.

Ant. Au milieu de l'ombre de la mort, je ne craindrai aucuns maux, parce que vous êtes avec moi, Seigneur. *Pf.* 22.

mine ; * & lux perpétua lúceat eis.

Ant. In médio umbræ mortis non timébo mala, quóniam tu mecum es, Dómine. *Pf.* 22.

Ant. Delícta.

PSEAUME 24.

J'Ai élevé mon ame vers vous, Seigneur, je mets ma confiance en vous, mon Dieu ; ne permettez pas que je tombe dans la confusion.

AD te, Dómine, levávi ánimam meam :* Deus meus, in te confído, non erubéscam.

Et *faites* que mes ennemis ne se mocquent point de moi ; car tous ceux qui vous attendent avec patience ne seront point confondus.

Neque irrídeant me inimíci mei : * étenim univérfi, qui súftinent te, non confundéntur.

Que tous ceux qui commettent l'iniquité en vain soient couverts de confusion.

Confundántur omnes iníqua agéntes * supervácuè.

Vias tuas, Dómine, demónstra mihi : * & sémitas tuas édoce me.

Montrez-moi, Seigneur, vos voies, & enseignez-moi vos sentiers.

Dírige me in veritáte tua, & doce me, * quia tu es Deus salvátor meus, & te sustínui totâ die.

Conduisez-moi dans *la voie droite de* votre vérité, & instruisez-moi ; parce que vous êtes le Dieu mon Sauveur, & que je vous ai attendu avec constance durant tout le jour.

Reminíscere miseratiónum tuárum, Dómine, * & misericordiárum tuárum, quæ à sæculo sunt.

Souvenez-vous de vos miséricordes, Seigneur ; *souvenez-vous* des miséricordes que vous avez fait paroître de tout tems.

Delícta juventútis meæ & ignorántias meas ne memíneris.

Ne vous souvenez point des fautes de ma jeunesse, ni de mes ignorances.

Secúndùm misericordiam tuam meménto meî tu, * propter bonitatem tuam, Dómine.

Souvenez-vous de moi, selon votre miséricorde ; *souvenez-vous en*, Seigneur, à cause de votre bonté.

Le Seigneur est plein de douceur & de droiture : c'est pour cela qu'il donnera à ceux qui péchent, la loi *qu'ils doivent suivre* dans la voie.

Il conduira dans la justice ceux qui sont dociles ; il enseignera ses voies à ceux qui sont doux.

Toutes les voies du Seigneur ne sont que miséricorde & que vérité, pour ceux qui recherchent son testament & ses préceptes.

Vous me pardonnerez mon péché, Seigneur, parce qu'il est grand ; *& vous le ferez* pour *la gloire de* votre nom.

Qui est l'homme qui craint le Seigneur ? Il lui a établi une loi dans

Dulcis & rectus Dóminus : * propter hoc legem dabit delinquéntibus in viâ.

Díriget mansuétos in judício : * docébit mites vias suas.

Univérsæ viæ Dómini, misericórdia & véritas, * requiréntibus testaméntum ejus & testimónia ejus.

Propter nomen tuum, Dómine, propitiáberis peccáto meo ; * multum est enim.

Quis est homo qui timet Dóminum ? * legem státuit ei in viâ, quám elégit.

la voie qu'il a choisie.

Ánima ejus in bonis demorábitur: * & semen ejus heredirábit terram.

Son ame demeurera paisiblement dans la jouissance des biens; & sa race aura la terre en héritage.

Firmaméntum est Dóminus timéntibus eum : * & testaméntum ipsius ut manifestétur illis.

Le Seigneur est le ferme appui de ceux qui le craignent, & il doit leur faire connoître son testament.

Oculi mei semper ad Dóminum , * quóniam ipse evéllet de láqueo pedes meos.

Je tiens mes yeux toûjours élevés vers le Seigneur ; parce que c'est lui qui retirera mes pieds du piége *qu'on m'aura dressé.*

Réspice in me , & miserére mei , * quia únicus & pauper sum ego.

Jettez vos regards sur moi, & ayez compassion de l'état où vous me voyez ; car je suis seul & pauvre.

Tribulatiónes cordis mei multiplicátæ sunt ; * de necessitátibus meis érue me.

Les afflictions se sont multipliées au fond de mon cœur : délivrezmoi des nécessités *malheureuses* où je suis réduit.

Regardez l'état si humilié & si pénible où je me trouve, & remettez-moi tous mes péchés.

Vide humilitátem meam & labórem meum : * & dimitte univérsa delícta mea.

Jettez les yeux sur mes ennemis, sur leur multitude, & sur la haine injuste qu'ils me portent.

Réspice inimícos meos, quóniam multiplicáti sunt, * & ódio iníquo odérunt me.

Gardez mon ame, & me délivrez : ne permettrez pas que je rougisse, après avoir espéré en vous.

Custódi ánimam meam, & érue me : * non erubéscam, quóniam sperávi in te.

Les innocens, & ceux dont le cœur est droit, sont demeurés attachés à moi, parce que je vous ai attendu avec patience.

Innocéntes & recti adhæsérunt mihi, * quia sustínui te.

Délivrez Israël, *mon* Dieu, de tous ses sujets d'affliction.

Libera, Deus, Israël, * ex ómnibus tribulatiónibus suis.

Donnez-leur, Seigneur, le repos éter-

Réquiem ætérnam dona eis, Dó-

mine ; * & lux per- | nel, & que la lumiere
pétua lúceat eis. | éternelle les éclaire.

Ant. Delícta ju- | *Ant.* Ne vous sou-
ventútis meæ, & | venez point, Seigneur,
ignorántias meas ne | des fautes de ma jeu-
memíneris, Dómi- | neſſe, ni de mes igno-
ne. *Pſ.* 24. | rances. *Pſ.* 24.

Ant. Credo.

PSEAUME 26.

Dominus illu- | LE Seigneur eſt ma
minátio mea, | lumiere & mon ſa-
& ſalus mea, * quem | lut ; qui eſt-ce que je
timébo ? | craindrai ?

Dóminus proté- | Le Seigneur eſt le
ctor vitæ meæ : * à | défenſeur de ma vie ;
quo trepidábo ? | qui pourra me faire
| trembler ?

Dum apprópiant | Lorſque ceux qui me
ſuper me nocéntes, | veulent perdre , ſont
* ut edant carnes | prêts de fondre ſur
meas. | moi, *comme* pour dé-
| vorer ma chair.

Qui tríbulant me | Ces mêmes ennemis

qui me persécutent le plus, ont été affoiblis, & sont tombés.

Quand des armées seroient campées contre moi, mon cœur n'en seroit point effrayé.

Quand on me livreroit un combat, je ne laisserai pas encore de mettre en cela mon espérance.

J'ai demandé au Seigneur une seule chose, & je la rechercherai *uniquement*; c'est d'habiter dans la maison du Seigneur tous les jours de ma vie;

Afin que je contemple les délices du Seigneur, & que je considére son temple.

Car il m'a caché dans son tabernacle; il m'a protégé au jour de l'affliction, *en me mettant*

inimíci mei, * ipsi infirmáti sunt, & cecidérunt.

Si consístant advérsùm me castra, * non timébit cor meum.

Si exúrgat advérsùm me prælium, * in hoc ego sperábo.

Unam pétii à Dómino, hanc requíram; * ut inhábitem in domo Dómini ómnibus diébus vitæ meæ.

Ut vídeam voluptátem Dómini: * & vísitem templum ejus.

Quóniam abscóndit me in tabernáculo suo: * in die malórum protéxit me in abscóndito tabernáculi sui.

dans le secret de son tabernacle.

In petra exaltávit me : * & nunc exaltávit caput meum super inimícos meos.

Il m'a élevé sur la pierre ; & dès maintenant il a élevé ma tête au-dessus de mes ennemis.

Circuívi, & immolávi in tabernácula ejus hóstiam vociferatiónis : * cantábo, & psalmum dicam Dómino.

J'ai fait plusieurs tours, & j'ai immolé dans son tabernacle une hostie avec des cris & des cantiques de joie ; je chanterai & je ferai retentir des hymnes *à la gloire du* Seigneur.

Exáudi, Dómine, vocem meam, quâ clamávi ad te : * miserére meî, & exáudi me.

Exaucez, Seigneur, la voix par laquelle j'ai crié vers vous : ayez pitié de moi, & exaucez-moi.

Tibi dixit cor meum, exquisívit te fácies mea : * fáciem tuam, Dómine, requíram.

Mon cœur vous a dit : mes yeux vous ont cherché : je chercherai, Seigneur, votre visage.

Ne avértas fáciem tuam à me : *

Ne détournez point de moi votre face ; &

ne vous retirez point de votre serviteur dans votre colere.

Soyez mon aide *tout-puissant* ; ne m'abandonnez point ; & ne me méprisez pas , ô Dieu mon Sauveur.

Parce que mon pere & ma mere m'ont quitté : mais le Seigneur s'est chargé de moi *pour en prendre soin.*

Prescrivez-moi, Seigneur, la loi *que je dois suivre* dans votre voie, & daignez à cause de mes ennemis me conduire dans le droit sentier.

Ne me livrez pas à la volonté de ceux qui m'affligent ; parce que des témoins d'iniquité se sont élevés contre moi , & que l'iniquité a menti contre elle-même.

ne declínes in ira à servo tuo.

Adjútor meus esto, ne derelínquas me : * neque despícias me , Deus salutáris meus.

Quóniam pater meus & mater mea dereliquérunt me : * Dóminus autem assúmpsit me.

Legem pone mihi , Dómine , in via tua : * & dírige me in sémitam rectam propter inimícos meos.

Ne tradíderis me in ánimas tribulántium me : * quóniam insurrexérunt in me testes iníqui, & mentíta est iníquitas sibi.

Credo vidére bona Dómini * in terra vivéntium.

Je croi *fermement* voir *un jour* les biens du Seigneur dans la terre des vivans.

Expécta Dóminum, viríliter age: * & confortétur cor tuum, & sústine Dóminum.

Attendez le Seigneur; agiſſez avec courage ; que votre cœur prenne une nouvelle force ; & ſoyez ferme dans l'attente du Seigneur.

Réquiem ætérnam dona eis, Dómine ; & lux perpétua lúceat eis.

Donnez-leur, Seigneur, le repos éternel ; & que la lumiere éternelle les éclaire.

Ant. Credo vidére bona Dómini in terra vivéntium. *Pſ.* 26.

Ant. Je croi *fermement* voir *un jour* les biens du Seigneur dans la terre des vivans. *Pſ.* 26.

℣. Unam petii à Dómino, hanc requíram,

℣. J'ai demandé une ſeule choſe au Seigneur, & je la lui demanderai toûjours;

℟. Ut inhábitem in domo Dómini. *Pſ.* 26.

℟. C'eſt d'habiter dans la maiſon du Seigneur. *Pſ.* 26.

Pater noster, *tout bas ; puis tout haut*,
Et ne nos indúcas in tentatiónem.
℟. Sed líbera nos à malo.

iv. Leçon. *Job. ch. 13.*

COmbien ai-je commis d'iniquités & de péchés ? faites - moi voir mes crimes & mes offenses. Pourquoi me cachez - vous votre visage, & pourquoi me croyez-vous votre ennemi ? Vous faites éclater votre puissance contre une feuille que le vent emporte, & vous poursuivez une paille séche. Car vous donnez contre moi des arrêts très-séveres ; & vous voulez me consumer pour les péchés de ma jeunesse. Vous avez mis mes pieds dans les ceps, vous avez observé

QUantas hábeo iniquitátes & peccáta , scélera mea & délicta osténde míhi. Cur fáciem tuam abscóndis, & arbitráris me inimícum tuum ? Contra foliũ, quod vento rápitur, ostendis poténtiam tuam, & stípulam siccam perséqueris. Scribis enim contra me amaritúdines, & consúmere me vis peccatis adolescéntiæ meæ. Posuísti in nervo

nervo pedem meũ, & obſerváſti omnes ſémitas meas, & veſtígia pedum meórum conſideráſti. Qui quaſi putrédo conſuméndus ſum, & quaſi veſtiméntum quod comédĩtur à tíneâ.

℟. Ecce ánimam meam porto in mánibus meis: *Etiamſi occíderit me, in ipſo ſperabo, & ipſe erit Salvator meus. ℣. Sive vívîmus, ſive mórimur, Dómini ſumus : * Etiamſi. *Job.*13. *Rom.* 11.

V. LEÇON. *Job. ch.* 14.

Homo natus de muliére, brevi vivens tem-

tous mes ſentiers, & vous avez conſideré avec ſoin toutes les traces de mes pas : moi qui dans un moment ne ſerai que pourriture, & qui deviendrai comme un vêtement mangé de vers.

℟. Ma vie eſt expoſée à de continuels dangers : * Quand même Dieu me l'ôteroit, je ne laiſſerois pas d'eſpérer en lui, & il ſera lui-même mon Sauveur. ℣. Soit que nous vivions, ſoit que nou mourions, nous appartenons au Seigneur . * Quand même. *Job.* 13 *Rom.* 11.

L'Homme né de la femme vit très-peu de tems, & il eſt rem-

pli de beaucoup de mi-
feres. Il naît comme
une fleur, qui n'eft pas
plûtôt éclofe qu'elle eft
foulée aux pieds ; il fuit
comme l'ombre, & il
ne demeure jamais en
un même état. Et vous
croirez, *Seigneur*, qu'il
foit digne de vous d'ou-
vrir feulement les yeux
fur lui, & de le faire
entrer en jugement a-
vec vous ? Qui peut ren-
dre pur celui qui eft né
d'un fang impur ? N'eft-
ce pas vous feul qui le
pouvez ? Les jours de
l'homme font courts,
le nombre de fes mois
eft entre vos mains ;
vous avez marqué les
bornes de fa vie, & il
ne les peut paffer. Re-
tirez-vous donc un peu
de lui, afin qu'il ait
quelque repos, jufqu'à
ce qu'il trouve comme
le mercenaire, la fin

pore, replétur mul-
tis mifériis. Qui qua-
fi flos egréditur &
contéritur, & fugit
velut umbra, & nun-
quam in eódem fta-
tu pérmanet. Et di-
gnum ducis fuper
hujufcémodi aperí-
re óculos tuos, & ad-
dúcere eum tecum
in judícium. Quis
poteft fácere mun-
dum de immúndo
concéptum fémine ?
nonne tu qui folus
es ? Breves dies hó-
minis funt, nume-
rus ménfium ejus a-
pud te eft, confti-
tuífti términos ejus,
qui præteríri non
póterunt. Recéde
páululum ab eo, ut
quiéfcat, donec op-
táta véniat ficut

mercenárii , dies ejus.

℟. Hi qui cum pietáte dormitiónem accepérunt , optimam habent repósitam grátiam : * Sancta ergo & salúbris est cogitátio pro defúnctis exoráre , ut à peccátis solvántur.

℣. Si quis superædíficat super fundamentum , & opus ejus arsérit , detriméntum patiétur ; ipse autem salvus erit : sic tamen quasi per ignem. * Sancta 1. *Mach.* 12. 1. *Cor.* 3.

vj. LEÇON.

QUis mihi hoc tríbuat , ut in inférno prótegas

désirée de tous ses travaux.

℟. Une grande récompense est réservée à ceux qui sont morts dans la piété : * C'est donc une sainte & salutaire pensée de prier pour les morts ; afin qu'ils soient délivrés de leurs péchés.

℣. Celui qui élevera l'édifice de son salut sur un fondement solide, & dont l'ouvrage sera consumé par les flâmes, il en souffrira la perte : mais il ne laissera pas d'être sauvé, comme en passant par le feu. * C'est donc. 2. *Mach.* 12 1. *Cor.* 3.

Job. ch. 14.

QUi pourra me procurer cette grace, que vous me mettiez

à couvert, & me cachiez dans l'enfer, jusqu'à ce que votre fureur soit entiérement passée, & que vous me marquiez un tems où vous vous souviendrez de moi ? L'homme étant mort *une fois*, pourroit-il bien vivre de nouveau ? Dans cette guerre où je me trouve maintenant, j'attends tous les jours que mon changement arrive. Vous m'appellerez, & je vous répondrai : vous tendrez votre main droite à l'ouvrage de vos mains. Je sçai que vous avez compté tous mes pas ; mais pardonnez-moi mes péchés.

me, & abscóndas me donec pertránseat furor tuus, & constítuas mihi tempus in quo recordéris mei ? Putásne mórtuus homo rursum vivat ? Cunctis diebus, quibus nunc mílito, expécto donec véniat, immutátio mea. Vocábis me, & ego respondébo tibi : óperi mánuum tuárum pórriges déxteram. Tu quidem gressus meos dinumerásti ; sed parce peccátis meis.

℞. Seigneur toutpuissant, Dieu d'Israël : * Ecoutez maintenant la priere des morts d'Israël : oubliez les iniquités de nos peres, &

℞. Dómine omnipotens, Deus Israël, * Audi nunc oratiónem mortuórum Israël : noli meminísse iniqui-

tátum patrum no-
strórum, sed me-
mento manûs tuæ,
& nóminis tui.

℣. Occísus es,
Dómine, & rede-
místi nos Deo in
sanguine tuo : * Au-
di. *Baruch. 3. Apoc.*
5.

souvenez-vous de votre
puissance & de la gloire
de votre nom.

℣. Vous avez été mis
à mort, Seigneur, &
vous nous avez rachetés
pour Dieu par votre
sang. *Ecoutez. Baruch.*
3. *Apoc.* 5.

TROISIÉME NOCTURNE.

Pour le Mercredi & le Samedi.

Ant. Amove.

PSEAUME 38.

J'Ai formé la résolution d'être attentif sur moi-même, pour ne point pécher dans mes paroles.

J'ai mis un frein à ma bouche, pendant que les méchans s'élevoient contre moi.

Je me suis tenu dans un humble silence : j'ai supprimé le bien même que j'aurois pu dire ; mais ma douleur n'en a été que plus vive.

Mon cœur s'est senti atteint d'une secrette ardeur, & mes réflé-

Dixi : custódiam vias meas, * ut non delinquam in linguâ meâ.

Posui ori meo custódiam, * cùm consísteret peccator adversùm me.

Obmútui & humiliátus sum, & sílui à bonis ; * & dolor meus renovátus est.

Concáluit cor meum intrà me, & in meditatióne meâ

exárdescet ignis : * locútus sum in linguâ meâ.

xions l'ont embrasé ; je vous ai dit :

Notum fac mihi, Dómine , finem meum , & númerum diérum meórum quis est : * ut sciam quid desit mihi.

Seigneur , faites-moi connoître ma fin, & qu'elle est la mesure de mes jours afin que je sache ce qui m'en reste à passer sur la terre.

Ecce mensurábiles posuisti dies meos , * & substantia mea tamquam níhilum ante te.

Je vois, Seigneur, que vous les avez réduits à une mesure bien petite , & que ma durée n'est devant vous qu'un néant.

Verúmtamen univérsa vánitas * omnis homo vivens.

Et véritablement , tout homme vivant sur la terre n'est que vanité.

Verúmtamen in imágine pertránsit homo, * sed & frustrà conturbátur.

Oui, l'homme passe comme l'ombre ; & c'est bien envain qu'il s'agite , & qu'il s'inquiette.

Thesaurísat, * & ignórat cui congregábit ea.

Il amasse des trésors, sans sçavoir pour qui il travaille.

Et nunc quæ est

Mais pour moi, qu'est-ce que j'attens ? n'est-ce pas le Seigneur ? tout mon trésor est en vous, ô mon Dieu.

Délivrez-moi de tous mes péchés, Seigneur, vous m'avez rendu l'oprobre de l'insensé.

Je suis demeuré muet, & je n'ai pas ouvert la bouche ; car tout est arrivé par votre ordre.

Cessez de me frapper ; car je suis prêt de succomber sous la pesanteur de votre main.

Vous punissez l'homme, à cause de ses iniquités, & vous réduisez son âme à la foiblesse d'une fragile araignée : certe c'est bien envain qu'il s'agite & qu'il s'inquiette.

expectátio mea ? nonne Dóminus ? * & substántia mea apud te est.

Ab omnibus iniquitátibus meis érue me : * oppróbrium insipienti dedísti me.

Obmútui, & non apérui os meum, * quóniam tu fecísti.

Amove à me plagas tuas : * à fortitúdine manûs tuæ ego deféci.

In increpatiónibus propter iniquitátem corripuísti hóminem, & tabéscere fecísti sicut aráneam, ánimam ejus : * verùmtamen vanè conturbátur omnis homo.

Exaudi

Exaudi oratió-
nem meam Dómi-
ne, & deprecatió-
nem meam: * auri-
bus percipe lácri-
mas meas.

Ne síleas, quó-
niam advena ego
sum apud te, & pe-
regrínus, * sicut
omnes patres mei.

Remitte mihi ut
refrígerer, priuf-
quam ábeam; * &
ampliùs non ero.

Requiem æter-
nam dona eis, Dó-
mine; * & lux per-
pétua lúceat eis.

Ant. Amove á me
plagas tuas, Dómi-
ne, auribus pércipe
lácrymas meas. *Pf.*
38.

Ecoutez ma priere,
Seigneur, & prêtez l'o-
reille à mes cris: ne
foyez pas infenfible à
mes larmes.

Ne demeurez pas
dans le filence; car je
fuis devant vous un é-
tranger & un voyageur,
comme l'ont été mes
peres.

Donnez-moi du re-
lâche, afin que je goû-
te quelque tranquillité
avant que je cefie de
vivre.

Donnez-leur, Sei-
gneur, le repos éternel;
& que la lumiere érer-
nelle les éclaire.

Ant. Cefiez de me
frapper, Seigneur, &
ne foyez pas infenfible
à mes larmes.
Pf. 38.

N

Ant. Numquid.

PSEAUME 40.

HEureux l'homme qui a l'intelligence sur le pauvre & l'indigent : le Seigneur le delivrera dans le jour mauvais.

Que le Seigneur le conserve & lui donne une *longue* vie ; qu'il le rende heureux sur la terre, & qu'il ne le livre pas au désir de ses ennemis.

Que le Seigneur le soulage lorsqu'il sera sur le lit de sa douleur. Vous avez, *mon Dieu*, changé & remué tout son lit durant son infirmité.

Pour moi, j'ai dit : Seigneur, ayez pitié de moi, parce que j'ai péché contre vous.

BEátus qui intélligit super egénum & páuperem : * in die mala liberábit eum Dóminus.

Dóminus conservet eum, & vivíficet eum, & beátum fáciat eum in terra : * & non tradat eum in ánimam inimicórum ejus.

Dóminus opem ferat illi super lectum dolóris ejus : * univérsum stratum ejus versásti in infirmitáte ejus.

Ego dixi : Dómine, miserére mei : * sana ánimam meam quia peccávi tibi.

Inimíci mei dixé-
runt mala mihi : * quando moriétur, & péribit nomen ejus ?

Et si ingrediebá-tur ut vidéret, vana loquebátur : * cor ejus congregávit ini-quitátem sibi.

Egrediebátur fo-ràs : * & loquebá-tur in idípsum.

Advérsùm me su-surrábant omnes i-nimíci mei : * ad-vérsùm me cogitá-bant mala mihi.

Verbum iníquum constituérunt ad-vérsùm me : * Num-quid qui dormit non adjíciet ut re-súrgat ?

Etenim homo pa-

Mes ennemis m'ont souhaité *plusieurs* maux, *en disant* : Quand mour-ra-t-il *donc* : & quand son nom sera-t-il ex-terminé ?

Si *l'un d'eux* entroit pour *me* voir, il ne me tenoit que de vains dis-cours : & son cœur s'est amassé un trésor d'ini-quité.

En même tems qu'il étoit sorti dehors, il alloit s'entretenir avec les autres.

Tous mes ennemis parloient en secret con-tre moi : & ils conspi-roient pour me faire *plusieurs* maux.

Ils ont arrêté une chose très injuste con-tre moi. Mais celui qui dort, ne pourra-t-il *donc* pas ressusciter ?

Car l'homme avec

lequel je vivois en paix, en qui je me suis même confié, & qui mangeoit de mes pains, a fait éclater sa trahison contre moi.

Mais vous, Seigneur, ayez compassion de moi, & ressuscitez-moi; & je leur rendrai *ce qu'ils méritent.*

J'ai connu quel a été votre amour pour moi, en ce que mon ennemi ne se réjouira point sur mon sujet.

Or vous m'avez pris en votre protection à cause de mon innocence; & vous m'avez établi & affermi pour toujours devant vous.

Que le Seigneur, le Dieu d'Israel soit béni dans tous les siecles. Ainsi soit-il: Ainsi soit-il.

Donnez-leur, Sei-

cis meæ, in quo sperávi, qui edébat panes meos, * magnificávit super me supplantatiónem.

Tu autem, Dómine, miserére meî, & resúscita me: * & retríbuam eis.

In hoc cognóvi quóniam voluísti me: * quóniam non gaudébit inimícus meus super me.

Me autem propter innocéntiam suscepísti: * & confirmasti me in conspéctu tuo in ætérnum.

Benedíctus Dóminus Deus Israël à sæculo, & usque in sæculum: ' fiat, fiat.

Réquiem æternam dona eis, Dómine; * & lux perpétua lúceat eis.

Ant. Numquid qui dormit non adjíciet ut resúrgat? Dómine, miserére meî, & resúscita me. *Pf. 40.*

gneur, le repos éternel, & que la lumiere éternelle les éclaire.

Ant. Celui qui dort, ne pourra-t-il pas ressusciter? ayez pitié de moi, Seigneur, & ressuscitez-moi. *Pf. 40.*

Ant. Sitívit.

Pseaume 41.

QUemádmodùm desíderat cervus ad fontes aquárum : * ita desíderat ánima mea ad te Deus.

COmme le cerf soûpire après les eaux ; de même mon cœur soupire vers vous, *ô mon* Dieu.

Sitívit ánima mea ad Deum fortem vivum : * quando véniam, & apparébo ante faciem Dei ?

Mon ame est toute brûlante de soif pour Dieu, *Pour le Dieu* fort & vivant. Quand viendrai-je, & quand paroîtrai-je devant la face de Dieu ?

Fuérunt mihi lácrymæ meæ panes

Mes larmes m'ont servi de pain le jour & la

nuit, lorsqu'on me dit tous les jours : Où est ton Dieu.

Je me suis souvenu de ces choses, & j'ai répandu mon ame au dedans de moi-même ; parce que je passerai dans le lieu du tabernacle admirable jusqu'à la maison de Dieu.

Au milieu des chants d'allégresse & de louange, & des cris de joie de ceux qui sont dans un grand festin.

Pourquoi, mon ame, êtes-vous triste ? & pourquoi me troublez-vous ?

Espérez en Dieu, parce que je dois encore le louer, *comme celui qui est le salut & la lumiere* de mon visage, & mon Dieu.

Mon ame a été toute troublée en moi-mê-

die ac nocte : * dum dicitur mihi quotidie, Ubi est Deus tuus ?

Hæc recordátus sum & effudi in me ánimam meam : * quóniam transíbo in locum tabernáculi admirábilis, usque ad domum Dei.

In voce exultatiónis, & confessiónis, * sonus epulántis.

Quare tristis es ánimā mea ? * & quare conturbas me ?

Spera in Deo, quóniam adhuc cōfitébor illi : * salutáre vultus mei, & Deus meus.

Ad meípsum ánima mea conturbáta

est : * proptérea mémor ero tuî de terrâ Jordánis, & Hermóniim à monte módico.

Abyssus abyssum ínvocat, * in voce cataractárum tuárum.

Omnia excélsa tua, & fluctus tui * super me transiérunt.

In die mandávit Dóminus misericórdiam suam : * & nocte cánticum ejus.

Apud me orátio Deo vitæ meæ : * dicam Deo, suscéptor meus es.

Quare oblítus es meî ? & quare con-

me. C'est pourquoi je me souviendrai de vous, *en pensant* à la terre du Jourdain, à Hermon, & à la petite montagne.

Un abîme appelle & attire un autre abîme, au bruit des tempêtes & des eaux que vous envoyez.

Toutes vos *eaux* élevées *comme des* montagnes, & tous vos flots ont passé sur moi.

Le Seigneur a envoyé sa miséricorde durant le jour ; & *je lui chanterai* la nuit un cantique *d'action de graces.*

Voici la priere que j'offrirai au dedans de moi à Dieu, *qui est l'auteur* de ma vie. Je dirai à Dieu : vous êtes mon défenseur & mon refuge.

Pourquoi m'avez-vous oublié ? Et pourquoi faut-il que je marche tout accablé de tristesse, tandis que je suis affligé par l'ennemi?

Pendant qu'on brise mes os, mes ennemis qui me persécutent m'accablent par leur reproches;

En me disant tous les jours; Où est ton Dieu?

Pourquoi, mon ame êtes-vous triste, & pourquoi me remplissez-vous de trouble?

Espérez en Dieu; parce que je dois encore le louer, *comme celui qui est le salut & la lumiere* de mon visage, & mon Dieu.

Donnez - leur, Seigneur, le repos éternel; & que la lumiere éternelle les éclaire.

Ant. Mon ame est toute brûlante de soif

tristátus incédo, *
dum affligit me inimícus?

Dum confringúntur ossa mea, * exprobravérunt mihi qui tríbulant me inimíci mei.

Dum dicunt mihi per síngulos dies, * ubi est Deus tuus?

Quare tristis es ánima mea? * & quare conturbas me?

Spera in Deo, quóniam adhuc confitébor illi: * salutáre vultus mei, & Deus meus.

Réquiem æternam dona eis, Dómine; * & lux perpétua lúceat eis.

Ant. Sitívit ánima mea ad Deum

fortem, vivum : quandò véniam, & apparébo ante fáciem Dei. *Pf. 41.*

℣. Quare triſtis es ánima mea ? & quare conturbas me ?

℟. Spera in Deo, quóniam adhuc confitébor illi. *Pf. 41.*

pour le Dieu fort & vivant ; quand viendrai-je & quand paroîtrai-je devant la face du Seigneur ? *Pf. 41.*

℣. Pourquoi êtes-vous triſte, ô mon ame, & pourquoi me troublez-vous ?

℟. Eſperez en Dieu ; car je le loüerai encore. *Pf. 41.*

Pater noſter, *tout bas ; puis tout haut ;*
Et ne nos indúcas in tentatiónem.

℟. Sed líbera nos à malo.

vij. Leçon *Job. ch. 16. & 17.*

BReves anni tránſeunt, & ſémitam, per quam non revértar, ámbulo. Spíritus meus attenuábitur, dies mei breviabúntur,

MEs années coulent & paſſent vîte, & je marche par un ſentier par lequel je ne reviendrai jamais. Toutes mes forces ſont épuiſées, mes jours ont été abregés, & il ne me reste plus que le tombeau. Je n'ai point péché, & cependant mon œil ne voit rien que de triste & d'affligeant. Délivrez - moi , Seigneur , & me mettez auprès de vous, & après cela, que la main de qui que ce soit ne s'arme point contre moi.

℟. Je sçai que mon Rédempteur est vivant, & qu'au dernier jour je ressusciterai de la terre : * Je sçai que je serai revêtu de ma chair, & que je verrai mon Dieu.

℣. Il faut que ce corps corruptible soit revêtu d'incorruptibilité , & que ce corps mortel soit revêtu d'immortalité. * Je sçai. *Job. 19. 1. Cor. 15.*

& solum mihi súperest sepúlchrum. Non peccávi, & in amaritudínibus morátur óculus meus. Líbera me, Dómine , & pone me juxta te, & cujusvis manus pugnet contra me.

℟. Scio quòd Redemptor meus vivit, & in novíssimo die de terrâ surrectúrus sum, * Et in carne meâ vidébo Deum meum.

℣. Oportet corruptibile hoc indúere incorruptiónem, & mortále hoc indúere immortalitátem. * Et in carne. *Job. 19. 1. Cor. 15.*

viij. LEÇON. *Job. ch. 17.*

DIes mei tranſiérunt ; cogitatiónes meæ diſſipátæ ſunt torquéntes cor meum. Noctem vertérunt in diem , & rursùm poſt ténebras ſpero lucem. Si ſuſtinúero , inférnus domus mea eſt , & in ténebris ſtravi léctulum meum. Putrédini dixi : Pater meus es ; mater mea, & ſoror mea, vérmibus. Ubi eſt ergo nunc præſtolátio mea, & patiéntiam meam quis conſíderat ?

℞. Qui dórmiunt in terræ púlvere, * Evigilabunt ; álii in vitam æternam ,

MEs jours ſe ſont écoulés, & toutes les penſées que j'avois ayant été renverſées, ne ſervent qu'à me déchirer le cœur. Ils ont changé la nuit en jour, & après les ténébres j'eſpére encore *de voir* la lumiere. Quand j'attendrai juſqu'au bout, le tombeau ſera ma maiſon, & je me ſuis préparé mon lit dans les ténébres. J'ai dit à la pourriture : Vous êtes mon pere ; & aux vers : Vous êtes ma mere & ma ſœur. Où eſt donc maintenant toute mon attente, & qui eſt celui qui conſidere ma patience ?

℞. Ceux qui dorment dans la pouſſiere de la terre, * Se réveilleront ; les uns pour la vie éternelle, & les autres pour un opprobre éternel, qu'ils auront toûjours devant les yeux.

℣. Nous ressusciterons tous ; mais nous ne serons pas tous changés. * Ils se réveilleront. *Dan. 12. 1. Cor. 15.*

& álii in oppróbrium, ut vídeant semper.

℣. Omnes quidem resurgémus, sed non omnes immutábinur : * Evigilabunt. *Dan. 12. 1. Cor. 15.*

ix. Leçon. *Job. ch. 19.*

MEs chairs ont été réduites à rien, mes os se sont collés à ma peau, & il ne me reste que les lévres autour des dents. Ayez pitié de moi, vous au moins qui êtes mes amis, ayez pitié de moi, car la main du Seigneur m'a frappé. Pourquoi me persécutez - vous comme Dieu, & vous

PElli meæ, consumptis cárnibus, adhæsit os meum : & derelícta sunt tantúmmodò lábia circa dentes meos. Miserémini meî, miserémini meî, saltem vos amíci mei, quia manus Dómini tétigit me. Quare persequímini me sicut

Deus, & cárnibus meis saturámini? Quis mihi tríbuat, ut scribántur sermónes mei? Quis mihi det, ut exaréntur in libro stylo férreo, & plumbi lámina, vel celte sculpántur in sílice? Scio enim quòd Redémptor meus vivit, & in novíssimo die de terrâ surrectúrus sum : & rursùm circúmdabor pelle mea, & in carne mea vidébo Deum meum, quem visúrus sum ego ipse, & óculi mei conspectúri sunt, & non álius. Repósita est hæc spes mea in sinu meo.

plaisez-vous à vous rasasier de ma chair ? Qui m'accordera que mes paroles soient écrites ? Qui me donnera qu'elles soient tracées dans un livre, qu'elles soient gravées sur une lame de plomb avec une plume de fer, ou sur la pierre avec le ciseau ? Car je sçai que mon Rédempteur est vivant, & que je ressusciterai de la terre au dernier jour, que je serai encore revêtu de cette peau, que je verrai mon Dieu dans cette chair, que je le verrai moi-même, & non un autre, & que je le contemplerai de mes propres yeux. C'est-là l'espérance que j'ai, & qui reposera toûjours dans mon cœur.

℟. Délivrez-moi, Seigneur, de ceux qui me haïssent : que je ne sois point englouti dans l'abîme, & que le puits où l'on me jette ne se ferme pas sur moi. * Exaucez - moi, Seigneur, dont la bonté est toûjours prête à pardonner : prenez soin de mon ame, & délivrez-la. *Pf. 68.*

℟. Líbera me, Dómine, ab iis qui odérunt me : non absórbeat me profundum, neque úrgeat super me púteus os suum : * Exaudi me, quóniam benigna est misericórdia tua : intende ánimæ meæ, & líbera eam. *Pf. 68.*

A LA MESSE.

INTROÏT.

REquiem ætér- / nam dona eis, / Dómine; & lux per- / pétua lúceat eis. *4. / Efdr. cap. 2.*

SEigneur, donnez- / leur le repos éter- / nel ; & faites luire / fur eux la lumiere éter- / nelle. *4. Efdr. ch. 2.*

Pf. Te decet hym- / nus, Deus, in Sion ; / & tibi reddétur vo- / tum in Jerúfalem : / exáudi oratiónem / meam : ad te omnis / caro véniet. *Pf. 64.* / Réquiem.

Pf. O Dieu, c'eft dans / Sion qu'on vous doit / louer , & c'eft dans Je- / rufalem qu'on vous / réndra des vœux : exau- / cez ma priere : toute / chair viendra à vous, / *Pf. 64.* / Seigneur.

ORAISON.

INclína, Dómine, / aurem tuam ad / preces noftras, qui- / bus mifericórdiam

SEigneur, prêtez l'o- / reille aux prieres par / lefquelles nous conju- / rons votre miféricorde de placer dans le lieu de la paix & de la lumiere les ames de vos serviteurs & de vos servantes N. que vous avez fait sortir de ce siécle, & d'ordonner qu'elles soient associées à la gloire de vos Saints. Par notre Seigneur.

tuam súpplices deprecámur ; ut ánimas famulorum famularumque tuarum N. quas de hoc sæculo migráre jussísti, in pacis ac lucis regióne constítuas, & Sanctórum tuórum jubeas esse consórtes. Per Dóminum nostrum.

Oraisons.

O Dieu, qui accordez le pardon, & qui aimez le salut des hommes ; nous prions votre miséricorde, par l'intercession de la bien-heureuse Marie toûjours Vierge, & de tous vos Saints, de faire arriver à la béatitude éternelle nos

Deus, véniæ largitor, & humánæ salútis amátor : quæsumus cleméntiam tuam, ut nostræ congregatiónis fratres, propínquos & benefactóres, qui ex hoc sæculo transiérunt, beátâ Maríâ semper Vírgine intercedénte

cedénte, cum omnibus Sanctis tuis ad perpétuæ beatitúdinis consórtium pervenire concédas ;

Fidélium, Deus, ómnium cónditor & redémptor : animábus famulórum famulárumque tuárum remissiónem cunctórum tríbue peccatórum : ut indulgéntiam, quam semper optavérunt, piis supplicatiónibus consequántur. Qui vivis.

freres, nos parens & nos bienfaiteurs qui sont sortis de ce monde ;

O Dieu, le Créateur & le Rédempteur de tous les Fidéles : accordez aux ames de vos serviteurs & de vos servantes, la rémission de tous leurs péchés ; afin qu'elles obtiennent par les très-humbles prieres de votre Eglise le pardon qu'elles ont toûjours souhaité. Vous qui vivez.

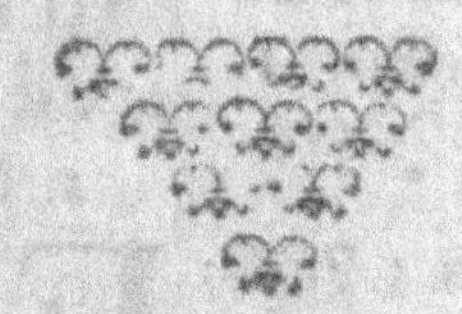

ÉPITRES.

Pour le Lundi.

Lecture du Livre de l'Apocalypse de l'Apôtre S. Jean. ch. 14.

EN ces jours-là; J'entendis une voix qui me dit du Ciel : Ecrivez ; heureux sont les morts qui meurent dans le Seigneur. Dès maintenant, dit l'Esprit, ils se reposeront de leurs travaux ; car leurs œuvres les suivent.

Léctio libri Apocalypsis beáti Joánnis Apóstoli. cap. 14.

IN diébus illis : Audívi vocem de Cœlo , dicéntem mihi : Scribe ; beáti mórtui , qui in Dómino moriúntur. Amodò jam , dicit Spiritus , ut requiéscant à labóribus suis; ópera enim illórum seqúuntur illos.

Pour le Mardi.

Lecture de l'Epitre de l'Apôtre saint Paul aux Corinthiens. 1. Cor. ch. 15.

MEs Freres ; Puisqu'on vous a prêché que *Jesus*-Christ

Léctio Epístolæ beáti Pauli Apóstoli ad Corínthios. 1. Cor. cap. 15.

FRatres ; Si Christus prædicátur quòd resurréxit à mórtuis, quómodo quidam dicunt in vobis, quóniam resurréctio mortuórum non est? Si autem resurréctio mortuórum non est, neque Christus resurréxit. Si autem Christus non resurréxit, inánis est ergo prædicátio nostra, inánis est & fides vestra : invenímur autem & falsi testes Dei ; quóniam testimónium díximus advérsùs Deum, quod suscitáverit Christum, quem non suscitávit, si mortui non resúrgunt. Nam si mortui non resúrgunt, neque Christ-

est ressuscité d'entre les morts, comment se trouve-t-il parmi vous des personnes qui osent dire que les morts ne ressuscitent point ? Que si les morts ne ressuscitent point, Jesus-Christ n'est donc point ressuscité. Et si Jesus-Christ n'est point ressuscité, notre prédication est vaine, & votre foi est vaine aussi : nous serons même convaincus d'avoir été de faux témoins *en parlant au nom* de Dieu ; puisque nous avons rendu témoignage contre Dieu *même, en disant* qu'il a ressuscité Jesus-Christ, qu'il n'auroit pas néanmoins ressuscité, si les morts ne ressuscitoient point. Car, si les morts ne ressuscitent point, *Jesus* Christ n'est point aussi ressuscité. Que si

Jesus-Christ n'est point ressuscité, votre foi est donc vaine ; vous êtes encore engagés dans vos péchés. Ceux qui sont morts en *Jesus*-Christ sont donc perdus *sans ressource*. Si nous n'avions d'espérance en *Jesus*-Christ que pour cette vie, nous serions les plus misérables de tous les hommes. Mais maintenant *Jesus*-Christ est ressuscité d'entre les morts, & il est devenu les prémices de ceux qui dorment, *pour se réveiller un jour*. Ainsi, parce que la mort est venue par un homme, la résurrection des morts doit venir aussi par un homme.

tus resurréxit. Quód si Christus non resurréxit, vana est fides vestra, adhùc enim estis in peccátis vestris. Ergo & qui dormiérunt in Christo, periérunt. Si in hâc vitâ tantùm in Christo sperántes sumus, miserabilióres sumus ómnibus homínibus. Nunc autem Christus resurréxit à mórtuis primítiæ dormiéntium ; quóniam quidem per hóminem mors, & per hóminem resurréctio mortuórum.

Pour le Mercredi.

Léctio libri Ecclesiástici. *cap. 7.*	*Lecture du livre de l'Ecclésiastique.* ch. 7.

GRátia dati in conspéctu omnis vivéntis, & mórtuo non prohíbeas grátiam. Non desis plorántibus in consolatióne, & cum lugéntibus ámbula. Non te pígeat visitáre infirmum; ex his enim in dilectióne firmáberis. In ómnibus opéribus tuis memoráre novíssima tua, & in ætérnum non peccábis.

LA liberalité est agréable à tous ceux qui vivent, & n'empêchez pas qu'elle ne s'étende sur les morts. Ne manquez pas à consoler ceux qui sont dans la tristesse, & pleurez avec ceux qui pleurent. Ne soyez point paresseux à visiter les malades ; car c'est ainsi que vous vous affermissez dans la charité. Souvenez-vous dans toutes vos actions de votre derniere fin, & vous ne pécherez jamais.

Pour le Jeudi.

Lecture du Prophéte Malachie. ch. 4.

Léctio Malachíæ Prophétæ. cap. 4.

LE Seigneur dit ce-ci : il viendra un jour de feu semblable à une fournaise ardente : tous les superbes, & tous ceux qui commettent l'impieté, seront alors comme de la paille : & ce jour qui doit venir les embraser, dit le Seigneur des armées, sans leur laisser ni de germe, ni de racine. Le Soleil de justice s'élévera pour vous, qui avez une crainte *respectueuse* pour mon nom, & vous trouverez votre salut sous ses aîles : vous sortirez alors, & vous tressaillerez de joie, comme les jeunes bœufs d'un troupeau bondissent *sur*

HÆc dicit Dóminus : Dies véniet succensa quasi camínus : & erunt omnes supérbi, & omnes faciéntes impietátem, stípula ; & inflammábit eos dies véniens, dicit Dóminus exercítuum, quæ non derelínquet eis radicem & germen. Et oriétur vobis timéntibus nomen meum sol justitiæ, & sánitas in pennis ejus : & egrediémini, & saliétis sicut vítuli de arménto. Et calcábitis ímpios, cùm

fúerint cinis sub
plantâ pedum ves-
trórum , in die quâ
ego fácio, dicit Dó-
minus exercítuum.
Mementóte legis
Móyfi fervi mei ,
quam mandávi ei
in Horeb ad om-
nem Ifraël , præcé-
pta & judícia. Ecce
ego mittam vobis
Elíam Prophétam ,
ántequam véniat
dies Dómini ma-
gnus , & horríbilis.
Et convértet cor pa-
trum ad fílios , &
cor filíorum ad pa-
tres eórum : ne for-
tè véniam, & percú-
tiam terram anathé-
mate.

l'herbe. Vous foulerez
aux pieds les impies,
lorfqu'ils feront deve-
nus comme de la cén-
dre fous la plante de
vos pieds , en ce jour
auquel j'agirai moi-mê-
me , dit le Seigneur des
armées. Souvenez-vous
de la Loi de Moïfe ,
mon ferviteur , que je
lui ai donnée fur la
Montagne d'Oreb , afin
qu'il portât à tout le
peuple d'Ifraël mes pré-
ceptes & mes ordon-
nances. Je vous en-
voyerez le Prophéte E-
lie , avant que le grand
& épouvantable jour
du Seigneur arrive. Et
il réunira le cœur des
peres avec leurs enfans ,
& le cœur des enfans
avec leurs peres ; de
peur qu'en venant je ne
frappe la terre d'ana-
thême.

Pour le Vendredi.

Lecture du Prophéte Baruch. ch. 3.

Maintenant , Seigneur Tout-puissant , Dieu d'Israël , l'ame dans la douleur qui la presse , & l'esprit dans l'inquiétude qui l'agite , crie vers vous : Ecoutez, Seigneur, & ayez compassion de nous, parce que vous êtes un Dieu compatissant; faites-nous miséricorde, parce que nous avons péché en votre présence. Vous, *Seigneur*, qui subsistez éternellement dans une paix souveraine, souffrirez-vous que nous perissions pour jamais? Seigneur Tout puissant, Dieu d'Israël, écoutez maintenant la priere des morts.

Léctio Baruch Prophétæ. cap. 3.

Nunc, Dómine omnipotens, Deus Israël, ánima in angústiis, & spíritus ánxius clamat ad te : Audi, Dómine, & miserére, quia Deus es miséricors ; & miserére nostrî, quia peccávimus ante te. Quia tu sedes in sempitérnum, & nos períbimus in ævum. Dómine omnípotens, Deus Israël, audi nunc oratiónem mortuórum,

Pour

Pour le Samedi.

Léctio Joélis Prophétæ. *cap.* 3.

Lecture du Prophéte Joel. ch. 3.

HÆc dicit Dóminus : Consurgant & ascéndant gentes in vallem Jósaphat ; quia ibi sedébo ut júdicem omnes gentes in circúitu. Míttite falces quóniam maturávit messis : veníte & descéndite ; quia plenum est torcúlar, exúberant torculária ; quia multiplicáta est malítia eórum. Pópuli pópuli in valle concisiónis ; quia juxtà est dies Dómini in valle concisiónis. Sol & luna obtenebráti

LE Seigneur dit ceci : Que les peuples viennent se rendre à la vallée de Josaphat ; j'y paroîtrai assis sur mon trône pour y juger tous les peuples qui y viendront de toutes parts. Mettez la faucille *dans le bled*, parce qu'il est déja mûr ; venez & descendez, le pressoir est plein, les cuves regorgent ; parce que leur malice est montée à son comble. Accourez, peuples, accourez dans la vallée du carnage ; parce que le jour du Seigneur est proche, & il éclatera dans cette vallée. Le soleil & la lune se couvriront de ténébres, & les étoiles reti-

P

reront toute leur lumiere. Le Seigneur rugira de Sion, & fera retentir sa voix de la montagne de Jerusalem : le ciel & la terre trembleront.

sunt, & stellæ retraxérunt splendórem suum. Et Dóminus de Sion rúgiet, & de Jerúsalem dabit vocem suam : & movebúntur cœli & terra.

GRADUEL.

QUand je marcherois au milieu de l'ombre de la mort, je ne craindrai point les maux, parce que vous êtes avec moi, Seigneur.

℣. Votre verge & votre houlette ont été ma consolation. *Ps.* 22.

SI ámbulem in medio umbræ mortis, non timébo mala, quóniam tu mecum es, Dómine.

℣. Virga tua, & báculus tuus, ipsa me consoláta sunt. *Ps.* 22.

TRAIT.

COmme le cerf soûpire après les sources d'eau ; de même mon ame soûpire vers

SIcut cervus desíderat ad fontes aquárum; ita desíderat ánima mea ad te, Deus. Sitívit ánima mea ad Deum fortem, vivum; quando véniam, & apparébo ante fáciem Dei? Fuérunt mihi lácrymæ meæ panes die ac nocte; dum dícitur mihi per singulos dies: Ubi est Deus tuus? *Pf. 41.*

vous, ô mon Dieu! Mon ame a une soif ardente pour le Dieu fort & vivant; quand viendrai-je, & quand paroîtrai-je devant la face de Dieu? Le jour & la nuit mes larmes ont été mon pain, lorsqu'on me dit tous les jours: Où est ton Dieu? *Pf. 41.*

PROSE.

Dies iræ, dies illa,
Crucis expandens vexilla,
Solvet sæclum in favílla,

EN ce jour de vengeance, où pour punir les crimes,
Un déluge brûlant sortira des abîmes,
L'Etendart de la Croix brillera dans les airs.

Quantus tremor est futúrus,
Quando judex est ventúrus;

Quel trouble en tous les cœurs, quand ce Juge severe
Lançant de toutes parts les traits de sa colere,

Sur un trône de feu con-
fondra l'Univers !

❧

Aux antres les plus
sourds la trompette
entendue,
Ranimant la poussiere
en cent lieux répan-
due,
Tous les morts sorti-
ront de l'horreur des
tombeaux ;

❧

Et dans l'effroi commun
du corps de la na-
ture,
Aux pieds du Créateur
la pâle créature
Attendra pour jamais
ou les biens ou les
maux.

❧

Dieu découvrant des
cœurs la nuit la plus
profonde,
Fera lire en ce livre ou-
vert à tout le monde
L'adorable équité de ses
arrêts divers.

Cuncta strictè dif-
cussúrus !

❧

Tuba mirum spar-
gens sonum
Per sepulchra re-
giónum,
Coget omnes ante
thronum.

❧

Mors stupébit & natúra
Cùm resurget crea-
túra
Judicánti respon-
súra.

❧

Liber scriptus pro-
ferétur,
In quo totum con-
tinétur,
Unde mundus judi-
cétur.

Judex ergo cùm sedébit
Quidquid latet apparébit,
Nil inúltum remanébit.

Il fera voir à nud les noirs replis des ames :
Et produifant au jour tous leurs crimes infâmes,
Confondra leur malice aux yeux de l'Univers.

Quid fum mifer tunc dictúrus ?
Quem patrónum rogatúrus,
Cùm vix juftus fit fecúrus ?

Que répondrai-je, hélas ! à ce Juge terrible ?
Qui fléchira pour moi fa juftice infléxible ?
Quand les Juftes craindront ce grand Roi que je crains.

Rex treméndæ majeftátis,
Qui falvándos falvas gratis,
Salva me, fons pietátis,

O Chrift, oppofe en moi ta grace à ta colere,
Toi qui fais dans nos cœurs tout ce qui te peut plaire,
Et couronne tes dons en couronnant tes Saints.

Souviens - toi qu'étant Dieu d'immortelle nature,
Tu vins par tes douleurs guérir notre blessure ;
Tu vins homme & mortel sauver l'homme perdu.

Tu voulus te lasser cherchant mon ame errante,
Ton amour pour ma vie offrit ta mort sanglante :
Qu'en vain le sang d'un Dieu ne soit pas répandu.

O Juste inéxorable en ta juste vengeance,
Daigne être mon Sauveur en ce tems de clémence,
Avant qu'être mon Juge au jour de ta rigueur.

Recordare , Jesu pie ,
Quod sum causa tuæ viæ ,
Ne me perdas illâ die.

Quærens me , sedísti lassus ;
Redemisti crucem passus :
Tantus labor non sit cassus.

Juste judex ultiónis ,
Donum fac remissiónis
Ante diem rationis.

Ingemísco, tan-
quam reus,
Culpâ rubet vultus
meus :
Supplicánti parce,
Deus.

Si mon crime t'aigrit,
qu'un coupable te
touche,
Qui vient la larme à
l'œil, les soûpirs en
la bouche,
La honte sur le front,
le regret dans le cœur.

Peccatrícem abfol-
víſti,
Et latrónem exau-
díſti ;
Mihi quoque ſpem
dedíſti.

Tu rends la pécherefſe à
tes Anges ſemblable,
Tu fais un ſaint martyr
d'un brigand déteſta-
ble,
Tu veux qu'un humble
eſpoir reſte aux plus
criminels.

Preces meæ non
ſunt dignæ ;
Sed tu bonus fac
benígnè,
Ne perénni cremer
igne.

J'ai donc recours à toi, tes
bontés ſont mes armes ;
Préviens ma juſte peine,
& par l'eau de mes lar-
mes
Eteins l'embraſement de
ces feux éternels.

Inter oves locum
præſta ;

Quand ta main par un
choix qui me glace
de crainte,

Mettra les boucs à gau-
che, à droit la troupe
sainte,
Place mon ame au rang
des agneaux glorieux.

Et ab hædis me se-
quéstra,
Státuens in parte
dextra.

❧

Et ce peuple maudit par
ta voix de tonnerre
Etant précipité jusqu'au
fond de la terre,
Que j'entre avec tes
Saints au clair palais
des cieux.

Confutátis male-
díctis,
Flammis ácribus ad-
díctis,
Voca me cum be-
nedíctis,

❧

Grand Dieu, qui vois
mon cœur en moi-
même se fendre,
Qui vois qu'un saint re-
gret le réduit comme
en cendre,
Si tu n'es mon support,
que deviendrai - je
alors ?

Oro supplex & ac-
clínis,
Cor contrítum qua-
si cinis.
Gere curam mei fi-
nis.

❧

O jour non jamais craint
comme il est redouta-
ble !
Où du creux du tombeau
sortira le coupable,

Lacrymósa dies il-
la,
Qua resúrget ex fa-
villâ

Judicándus homo reus :
Huic ergo parce, Deus.

Tremblant devant son Juge & rongé de remords.

***

Pie Jesu Dómine,
Dona eis requiem.
Amen.

Doux Jesus, dont l'amour tous nos crimes surpasse,
Donne gloire à ton nom, donne aux vivans ta grace,
Donne la paix aux morts. Ainsi soit-il.

ÉVANGILES.

Pour le Lundi.

Sequéntia sancti Evangélii secúndùm Joánnem. *cap.* 6.

Suite du saint Evangile selon saint Jean.
ch. 6.

IN illo tempore, dixit Jesus Judæis : Omne quod dat mihi Pater ad me véniet ; & eum

EN ce tems-là, Jesus dit aux Juifs : Tout ce que mon Pere me donne viendra à moi, & je ne jetterai point dehors celui qui vient à moi ; car je suis descendu du ciel, non pour faire ma volonté, mais pour faire la volonté de celui qui m'a envoyé. Or la volonté de mon Pere qui m'a envoyé, est que je ne perde aucun de ceux qu'il m'a donnés, mais que je les reſſuſcite tous au dernier jour. La volonté de mon Pere qui m'a envoyé, est que quiconque voit le Fils, & croit en lui, ait la vie éternelle ; & je le reſſuſciterai au dernier jour.

qui venit ad me non ejíciam foràs ; quia deſcéndi de cœlo, non ut fáciam voluntátem meam, ſed voluntátem ejus qui miſit me. Hæc eſt autem volúntas ejus qui miſit me, Patris ; ut omne quod dedit mihi, non perdam ex eo, ſed reſuſcitem illud in noviſſimo die. Hæc eſt autem volúntas Patris mei qui miſit me ; ut omnis qui videt Fílium, & credit in eum, hábeat vitam ætérnam ; & ego reſuſcitábo eum in noviſſimo die.

Pour le Mardi.

Sequéntia sancti E-
vangélii secúndùm
Joánnem. *cap. 5.*

Suite du saint Evangile
selon saint Jean.
ch. 5.

IN illo témpore ; Dixit Jesus Judæis : Qui verbum meum audit, & credit ei qui misit me, habet vitam ætérnam, & in judícium non venit, sed transit à morte in vitam. Amen, amen dico vobis, quia venit hora, & nunc est, quando mórtui aúdient vocem Fílii Dei ; & qui audíerint, vivent.

EN ce tems-là ; Jesus dit aux Juifs : Celui qui entend ma parole, & qui croit à celui qui m'a envoyé, a la vie éternelle, & il ne tombe point dans la condamnation, mais il passe de la mort à la vie. En vérité, en vérité je vous dis, que l'heure vient, & qu'elle est déja venue, que les morts entendront la voix du Fils de Dieu ; & ceux qui l'entendront, vivront.

Pour le Mercredi.

Suite du saint Evangile selon saint Jean. *ch. 6.*

EN ce tems-là ; Jesus dit aux Juifs : Personne ne peut venir à moi, si mon Pere qui m'a envoyé, ne le tire *à lui* ; & je le ressusciterai au dernier jour. Il est écrit dans les Prophétes : Ils seront tous enseignés de Dieu. Quiconque donc a ouï *la voix* du Pere, & a été enseigné *de lui*, vient à moi. Ce n'est pas qu'aucun homme ait vû le Pere, si ce n'est celui qui est *né* de Dieu : car c'est celui-là qui a vû le Pere. En vérité, en vérité je vous le dis : celui qui croit en moi, a la vie éternelle.

Sequéntia sancti Evangelii secúndùm Joánnem. *cap. 6.*

IN illo témpore ; Dixit Jesus Judæis : Nemo potest venire ad me, nisi Pater, qui misit me, tráxerit eum ; & ego resuscitábo eum in novíssimo die. Est scriptum in Prophétis : Et erunt omnes docíbiles Dei. Omnis qui audívit à Patre, & dídicit, venit ad me : non quia Patrem vidit quisquam, nisi is qui est à Deo, hic vidit Patrem. Amen, amen dico vobis : Qui credit in me, habet vitam ætérnam.

Pour le Jeudi.

Sequéntia sancti Evangelii secúndùm Joánnem. *cap.* 6.

Suite du saint Evangile selon saint Jean.
ch. 6.

IN illo tempore; Dixit Jesus Judæis: Amen, amen dico vobis ; nisi manducavéritis carnem Fílii hóminis, & bibéritis ejus sánguinem, non habébitis vitam in vobis. Qui mandúcat meam carnem, & bibit meum sánguinem, habet vitam ætérnam; & ego resuscitábo eum in novíssimo die.

EN ce tems-là ; Jesus dit aux Juifs : En vérité, en vérité je vous le dis : si vous ne mangez la chair du Fils de l'homme , & ne buvez son sang, vous n'aurez point la vie en vous. Celui qui mange ma chair & boit mon sang, a la vie éternelle : & je le ressusciterai au dernier jour.

Pour le Vendredi.

Suite du saint Evangile selon saint Matthieu. *ch. 24.*

EN ce tems-là ; Jesus dit à ses Disciples : Le ciel & la terre passeront , mais mes paroles ne passeront point. Or nul autre que mon Pere ne sçait ce jour & cette heure , non pas même les Anges du ciel. Et il arrivera à l'avénement du Fils de l'homme , ce qui arriva au tems de Noé : car , comme un peu avant le déluge les hommes mangeoient & buvoient , épousoient des femmes , & marioient leurs filles , jusqu'au jour auquel Noé entra dans l'arche , sans penser seulement au deluge , jusqu'à ce qu'il fût

Sequéntia sancti Evangélii secúndùm Matthæum. *cap. 24.*

IN illo témpore, Dixit Jesus Discipulis suis : Cœlum & terra transíbunt, verba autem mea non prætéribunt. De die autem illâ, & horâ, nemo scit, neque Angeli cœlórum , nisi solus Pater. Sicut autem in diébus Noe , ita erit & advéntus Filii hóminis : sicut enim erant in diébus ante dilúvium comedéntes & bibentes , nubéntes & núptui tradéntes , usque ad eum diem quo intrávit Noe in arcam, & non cognovérunt donec venit diluvium, & tulit omnes : ita erit & advéntus Filii hóminis. Tunc duo erunt in agro ; unus assumétur, & unus relinquétur : duæ moléntes in mola ; una assumétur & una relinquétur. Vigiláte ergo, quia nescítis quâ horâ Dóminus vester ventúrus sit.

arrivé, & qu'il eût emporté tout le monde : il en sera de même à l'avénement du Fils de l'homme. Alors de deux hommes qui seront dans un champ ; l'un sera pris, & l'autre laissé : de deux femmes qui moudront dans un moulin ; l'une sera prise, & l'autre laissée. Veillez donc, parce que vous ne sçavez pas à quelle heure votre Seigneur doit venir.

Pour le Samedi.

Sequéntia sancti Evangélii secúndùm Marcum. *cap. 13.*

Suite du saint Evangile selon saint Marc. *ch. 13.*

IN illo témpore ; Dixit Jesus Petro, & Jacóbo, & Joánni, & Andréæ :

EN ce tems-là ; Jesus dit à Pierre, à Jacques, à Jean, & à André : Le soleil s'obscurcira, & la lune ne donnera plus sa lumiere ; les étoiles tomberont du ciel ; & les vertus qui sont dans les cieux, seront ébranlées. Alors on verra le Fils de l'homme qui viendra sur les nuées avec une grande puissance & une grande gloire. Et il envoyera ses Anges pour rassembler ses Elûs des quatre coins du monde, depuis l'extrémité de la terre jusqu'à l'extrémité du ciel.

sol contenebrábitur, & luna non dabit splendórem suum, & stellæ cœli erunt decidéntes ; & virtútes, quæ in cœlis sunt, movebúntur. Et tunc vidébunt Filium hóminis veniéntem in núbibus, cum virtúte magna, & glóriâ. Et tunc mittet Angelos suos, & congregábit eléctos suos à quatuor ventis, à summo terræ usque ad summum cœli.

OFFERTOIRE.

SEigneur JESUS-CHRIST, Roi de gloire, délivrez les ames de tous les fidéles qui sont morts, de

DOmine JESU CHRISTE, Rex glóriæ, libera ánimas ómnium fidélium defunctórum

rum de manu inférni, & de profúndò lacu : líbera eas de ore leónis, ne absórbeat eas tártarus, ne cadant in obscúrum ; sed sígnifer sanctus Michael repræséntet eas in lucem sanctam ; quam olim Abrahæ promisísti, & sémini ejus.

la puissance de l'enfer, & de ce lac profond : délivrez-les de la gueule du lion ; que l'enfer ne les engloutisse point, & qu'elles ne tombent point dans les ténébres : mais que saint Michel le porte-enseigne, les conduise dans la sainte lumiere, que vous promîtes autrefois à Abrahám & à sa postérité.

SECRETE.

ANnue nobis, quæsumus, Dómine, ut animábus famulórum famulárumque tuárum N. hæc prosit oblátio : quam immolándo, totius mundi tribuísti relaxári delícta. Per eúmdem Dóminum.

REndez, s'il vous plaît, Seigneur, profitable aux ames de vos serviteurs & de vos servantes N. l'offrande de cette hostie, à l'immolation de laquelle vous avez accordé le pardon des péchés de tout le monde. Par le même Jesus-Christ.

Q

ORAISONS.

O Dieu, dont la miséricorde est infinie, écoutez favorablement les prieres que nous vous faisons avec humilité ; & accordez par ces Sacremens de notre salut, la rémission de tous les péchés aux ames de nos freres, de nos parens & de nos bienfaiteurs, à qui vous avez fait la grace de confesser votre nom.

Deus, cujus misericórdiæ non est númerus, súscipe propítius preces humilitátis noftræ ; & animábus fratrum, propinquórum, & benefactórum noftrórum, quibus tui nóminis dedifti confefiónem, per hæc Sacraménta salútis noftræ, cunctórum remifiónem tribue peccátorum.

Egardez, Seigneur, d'un œil favorable ces hofties que nous vous offrons pour les ames de vos serviteurs & de vos servantes ; afin que comme vous leur avez fait la grace de faire pro-

Oftias, quæfumus Dómine, quas tibi pro animábus famulórum famulárumque tuárum offérimus, propitiátus intende ; ut quibus fidei chri-

stiánæ méritum con-
tulísti, dones & præ-
mium. Per Dómi-
num nostrum Jesum
Christum Fílium
tuum, qui tecum
vivit & regnat.

fession de la foi chré-
tienne, vous leur en
donniez aussi la récom-
pense. Par notre Sei-
gneur Jesus-Christ votre
Fils, qui vit & régne
avec vous.

PRÉFACE.

Verè dignum &
justum est, æ-
quum & salutáre,
nos tibi semper &
ubique grátias áge-
re, Dómine sancte
Pater omnípotens,
æterne Deus, per
Christum Dómi-
num nostrum ; in
quo nobis spem bea-
tæ resurrectiónis
concessísti ; ut dùm
natúram contristat
certa moriendi con-
dítio, fidem conso-
létur futúræ immor-

IL est véritablement
juste & raisonnable,
il est équitable & salu-
taire de vous rendre
graces en tout tems &
en tout lieu, Seigneur
très-saint, Pere tout-
puissant, Dieu éternel,
par Jesus-Christ notre
Seigneur ; dans lequel
vous nous avez accordé
l'espérance de la bien-
heureuse résurrection ;
afin que si l'inévitable
nécessité de mourir at-
triste la nature humaine,
la promesse de l'immor-
talité future encourage
& console notre foi
Car pour vos fidéles,

Seigneur, mourir n'est pas perdre la vie, mais passer à une vie meilleure : & lorsque cette maison de terre où ils habitent, vient à se détruire, ils en acquièrent une dans le ciel, qui durera éternellement. C'est pourquoi nous nous unissons aux Anges & aux Archanges, aux Trônes & aux Dominations, & à toute l'armée céleste, pour chanter un cantique à votre gloire :

Saint, Saint, &c.

talitátis promíssio. Tuis enim fidélibus Domine, vita mutátur, non tóllitur; & dissolútâ terrestris hujus habitatiónis domo, æterna in cœlis habitatio comparátur. Et ídeò cum Angelis & Archangelis, cum Tronis & Dominatiónis, cumque omni milítiâ celestis exércitûs, hymnum glóriæ tuæ cánimus, sine fine dicentes : Sanctus, sanctus, &c.

COMMUNION.

SEigneur, que la lumiere éternelle luise sur eux avec vos Saints dans tous les siécles, parce que vous êtes bon.

LUx æternâ lúceat eis, Dómine, cum Sanctis tuis in ætérnum quia pius es.

POST-COMMUNION.

ORAISON.

PRosit, quæsumus Dómine, animábus famulórum famulárumque tuárum N. misericórdiæ tuæ implorátá clementiá; ut ejus in quo speravérunt & credidérunt, æternum cápiant, te miseránte, consórtium. Per Dóminum.

FAites sentir, s'il vous plaît, Seigneur, aux ames de vos serviteurs & de vos servantes N. les effets de votre miséricorde que nous avons implorés, afin que par votre bonté elles soient éternellement à celui en qui elles ont cru & espéré. Par notre Seigneur.

ORAISONS.

PRæsta, quæsumus omnipotens & misericors Deus; ut ánimæ fratrum, propinquórum, & bénefactórum nostrórum, pro quibus hoc sacrifi-

FAites, s'il vous plaît, Dieu tout-puissant & miséricordieux, que les ames de nos freres, de nos parens & de nos bienfaiteurs, pour lesquels nous avons offert à votre Majesté ce sacrifice de louange, ayant expié tous leurs péchés par la vertu de ce sacrifice, reçoivent par votre miséricorde le bonheur de la lumiere éternelle.

FAites, Seigneur, que les très-humbles prieres que nous vous faisons pour les ames de vos serviteurs & de vos servantes, leur soient profitables; afin que vous les dégagiez de tous leurs péchés, & que vous les fassiez jouir du fruit de votre rédemption. Vous qui vivez.

℞. Délivrez-moi, Seigneur, de ceux qui me haïssent : que je ne sois point englouti dans l'abîme, & que le puits où l'on me jette ne se ferme pas sur moi :

cium laudis tuæ obtúlimus majestáti, ejúsdem virtúte sacrifícii à peccátis ómnibus expiátæ; lucis perpétuæ, te miseránte, recipiant beatitúdinem.

ANimábus, quæsumus Dómine, famulórum famulárumque tuárum, orátio profíciat supplicántium; ut eas & à peccátis ómnibus éxuas, & tuæ redemptiónis fácias esse partícipes. Qui vivis.

℞. Líbera me, Dómine, ab iis qui odérunt me : non absórbeat me profundum, neque úrgeat super me pu-

teus os suum : * e-
xaudi me, quóniam
benigna est miseri-
córdia tua : intende
ánimæ meæ, & li-
bera eam. *Ps. 68.*

* Exaucez - moi , Sei-
gneur , dont la bonté
est toûjours prête à par-
donner : prenez soin de
mon ame , & délivrez-
la. *Ps. 68.*

Kyrie eléison ,
Christe eléison , Ky-
rie eléison.

Seigneur , ayez pitié
de nous , Christ , ayez
pitié de nous , Seigneur,
ayez pitié de nous.

Pater noster , *tout bas ; puis tout haut :*

℣. Et ne nos indú-
cas in tentatiónem.

℣. Et ne nous induisez
point en tentation.

℞. Sed líbera nos
à malo.

℞. Mais délivrez-nous
du mal.

℣. In memória
æterna erunt justi.

℣. La mémoire des
Justes sera éternelle.

℞. Ab auditióne
malâ non timébunt

℞. Ils ne craindront
point d'entendre aucune
chose affligeante.

℣. A porta ínfe-
ri.

℣. Préservez-les des
portes de l'enfer.

℞. Erue Dómine
animas eórum.

℞. Seigneur, délivrez-
en leurs ames.

℣. Je croi *fermement* voir *un jour* les biens du Seigneur.

℟. Dans la terre des vivans.

℣. Credo vidére bona Dómini.

℟. In terrâ vivéntium.

PSEAUME 129.

DU profond de l'abîme j'ai crié vers vous, Seigneur : Seigneur, écoutez ma voix.

Que vos oreilles soient attentives à la voix de ma priere.

Si vous arrêtez vos yeux sur nos iniquités, Seignenr : Seigneur, qui de nous espérera ?

Mais il y a en vous une abondante miséricorde ; & j'espere en vous à cause de votre loi, Seigneur.

Mon ame espére en

DE profúndis clamávi ad te, Dómine : * Dómine, exáudi vocem meam.

Fiant aures tuæ intendéntes : * in vocem deprecatiónis meæ.

Si iniquitátes observáveris, Dómine : * Dómine, quis sustinébit ?

Quia apùd te propitiátio est : * & propter legem tuam sustínui te, Dómine.

Sustínuit ánima mea

mea in verbo ejus : * sperávit anima mea in Dómino.

A custódiâ matutínâ usque ad noctem : * speret Israel in Dómino.

Quia apud Dóminum misericórdia : * & copiósa apud eum redémptio.

Et ipse rédimet Israel : * ex ómnibus iniquitátibus ejus.

Réquiem ætérnam dona eis Dómine : * & lux perpétua lúceat eis.

℣. Requiéscant in pace.

℞. Amen.

℣. Dómine exáudi oratiónem meam,

la parole du Seigneur, mon ame met son espérance dans le Seigneur.

Qu'Israel espére au Seigneur depuis la pointe du jour jusqu'à la nuit.

Parce que le Seigneur est plein de miséricorde, & qu'il a une grande bonté pour nous racheter.

Et ce sera lui qui rachetera Israel, en le délivrant de ses iniquités.

Donnez-leur, Seigneur, le repos éternel ; & que la lumiere éternelle les éclaire.

℣. Qu'ils reposent en paix.

℞. Ainsi soit-il.

℣. Seigneur, écoutez ma priere,

℟. Et que le cri de ma voix s'éléve jusqu'à vous.

℣. Le Seigneur soit avec vous.

℟. Et avec votre esprit.

℟. Et clamor meus ad te véniat.

℣. Dóminus vobíscum.

℟. Et cum spíritu tuo.

ORAISON.

Délivrez, Seigneur, s'il vous plaît, les ames de vos serviteurs & servantes, & celles de tous les fidéles qui sont morts, de tous leurs péchés, afin qu'ils ayent part à la gloire de la résurrection, & qu'ils soient du nombre de vos Saints & de vos Elûs. Nous vous en prions par celui qui doit venir juger les vivans & les morts, & le monde par le feu.

℟. Ainsi soit-il.

ABsólve, quæsumus Domine, ánimas famulórum famulárumque tuárum & ánimas ómnium fidélium defunctórum, ab omni vínculo delictórun; ut in resurrectiónis glória, inter Sanctos & Eléctos tuos resuscitáti respírent. Per eum qui ventúrus est judicáre vivos & mórtuos, & sæculum per ignem.

℟. Amen.

℣. Requiéscant in pace.

℟. Amen.

℣. Qu'ils reposent en paix.

℟. Ainsi soit-il.

Pour le Service particulier qui se dit après le décès de chaque ancien Confrere ou Sœur : Avant la Messe, on dit un des Nocturnes, suivant le jour, comme il est marqué à la page 169. & la Messe, page 159. exceptez les Oraisons, l'Epître & l'Evangile qui sont ci-après.

Pour un Défunt.

ORAISON.

INclína, Dómine, aurem tuam ad preces nostras, quibus misericórdiam tuam súpplices deprecámur ; ut ánimam fámuli tui N. quam de hoc sǽculo migráre jussísti, in pacis ac lucis regióne constítuas, &

SEigneur, prêtez l'oreille aux prieres par lesquelles nous conjurons votre miséricorde, de placer dans le lieu de la paix & de la lumiere, l'ame de votre serviteur N. que vous avez fait sortir de ce siécle, & d'ordonner qu'elle soit associée à *la gloire de* vos Saints. Par notre Seigneur.

Sanctórum tuórum júbeas esse consórtem. Per Dóminum nostrum.

Pour une Défunte.

ORAISON.

QUe votre bonté, Seigneur, vous porte, s'il vous plaît, à avoir pitié de l'ame de votre servante N. & à lui donner, présentement qu'elle est délivrée de la corruption de cette vie mortelle, part au salut éternel. Par notre Seigneur Jesus-Christ votre Fils.

QUæsumus, Dómine, pro tua pietáte, miserére ánimæ famulæ tuæ N. & à contágiis mortalitátis exútam, in ætérnæ salvatiónis partem restitue. Per Dóminum nostrum Jesum Christum Filium tuum.

EPÎTRE.

Lecture de l'Epître de l'Apôtre saint Paul aux Thessaloniciens. 1. ch. 4.

Léctio Epístolæ beáti Pauli Apóstoli ad Thessalonicénses. 1. *cap.* 4.

NOus ne voulons pas, mes freres, que vous ignoriez *ce*

NOlumus vos ignoráre, fratres, de dormiéntíbus, ut non contristémini, sicut & céteri qui spem non habent. Si enim crédimus quòd Jesus mórtuus est, & resúrrexit : ita & Deus eos qui dormiérunt per Jesum, addúcet cum eo. Hoc enim vobis dícimus in verbo Dómini, quia nos, qui vívimus, qui resídui sumus in advéntum Dómini, non præveniémus eos qui dormiérunt. Quóniam ipse Dóminus in jussu, & in voce Archángeli, & in tubâ Dei, descéndet de cœlo : & mórtui, qui in Christo sunt, resúrgent primi. Deinde nos,

que vous devez sçavoir touchant ceux qui dorment *du sommeil de la mort,* afin que vous ne vous en attristiez pas, comme font les autres hommes qui n'ont point d'espérance. Car si nous croyons que Jesus est mort & ressuscité ; *nous devons croire* aussi que Dieu amenera avec Jesus ceux qui se seront endormis en lui. Aussi nous vous déclarons, comme l'ayant appris du Seigneur, que nous qui vivons, & qui sommes réservés pour son avénement, nous ne préviendrons point ceux qui sont déja dans le sommeil. Car aussi-tôt que le signal aura été donné par la voix de l'Archange, & par le son de la trompette de Dieu, le Seigneur lui-même descendra du ciel :

& ceux qui seront morts en *Jesus*-Christ, ressusciteront les premiers. Puis nous autres qui sommes vivans, & qui seront demeurés, nous serons emportés avec eux dans les nuées, pour aller au-devant du Seigneur au milieu des airs ; & ainsi nous vivrons pour jamais avec le Seigneur. Consolez-vous donc les uns les autres par ces vérités.

qui vívimus, qui relinquimur, simul rapiémur cum illis in núbibus obviàm Christo in áera, & sic semper cum Dómino érimus. Itaque consolámini ínvicem in verbis istis.

EVANGILE.

Suite du saint Evangile selon saint Jean.
ch. 11.

Sequéntia sancti Evangélii secúndùm Joánnem. *cap. 11.*

EN ce tems-là ; Marthe dit à Jesus : Seigneur, si vous eussiez été ici, mon frere ne seroit pas mort ; mais je sçai que présentement même, Dieu

IN illo témpore ; dixit Martha ad Jesum : Dómine, si fuisses hîc, frater meus non fuisset mórtuus ; sed &

nunc scio, quia quæcúnque popósceris à Deo, dabit tibi Deus. Dicit illi Jesus : Resúrget frater tuus. Dicit ei Martha : Scio quia resúrget in resurrectióne, in novíssimo die. Dixit ei Jesus : Ego sum resurréctio & vita. Qui credit in me, etiamsi mórtuus fúerit, vivet : & omnis qui vivit & credit in me, non moriétur in ætérnum. Credis hoc? Ait illi : Utique, Dómine, ego crédidi quia tu es Christus Filius Dei vivi qui in hunc mundum venísti.

vous accordera tout ce que vous lui demanderez. Jesus lui répondit : votre frere ressuscitera. Marthe lui dit : Je sçai bien qu'il ressuscitera en la resurrection *qui se fera* au dernier jour. Jesus lui repartit : Je suis la résurrection & la vie. Celui qui croit en moi, quand il seroit mort, vivra : & quiconque vit, & croit en moi, ne mourra jamais. Croyez-vous cela? Elle lui répondit : Ouï, Seigneur, je croi que vous êtes le Christ, le Fils du Dieu vivant, qui êtes venu dans ce monde.

Pour   Défunt.

SECRETE.

REndez, s'il vous plaît, Seigneur, profitable à l'ame de votre serviteur N. l'offrande de cette hostie, à l'immolation de laquelle vous avez accordé le pardon des péchés de tout le monde. Par le même Jesus-Christ.

ANnue nobis, quæsumus Dómine, ut ánimæ fámuli tui N. hæc prosit oblátio: quam immolándo, totius mundi tribuísti relaxári delícta. Per eúndem Dóminum nostrum.

Pour une Défunte.

SECRETE.

NOus vous prions, Seigneur, de purifier de toute faute l'ame de votre servante N. par ces sacrifices, sans lesquels personne n'a jamais été délivré de péché; & de lui faire obtenir la miséricorde éternelle par ces de-

HIs sacrifíciis, quæsumus Dómine, ánima fámulæ tuæ N. à peccátis ómnibus exuátur, sine quibus à culpâ nemo liber éxtitit; ut per hæc piæ placatiónis officia , perpétuam misericórdiam consequátur. Per Dóminum nostrum.

voirs de religion propres à appaiser votre colere. Par notre Seigneur.

Pour un Défunt.

POST-COMMUNION.

PRosit , quæsumus Dómine , ánimæ fámuli tui N. misericórdiæ tuæ imploráta cleméntia ; ut ejus in quo sperávit & crédidit , ætérnum cápiat , te miseránte , consórtium. PerDóminum nostrum.

FAites sentir, s'il vous plaît , Seigneur , à l'ame de votre serviteur N. les effets de votre miséricorde que nous avons implorée , afin que par votre bonté elle soit éternellement unie à celui en qui elle a crû & espéré. Par notre Seigneur.

Pour une Défunte.

POST-COMMUNION.

INvéniat , quæsumus Dómine , ánima famulæ tuæ N. lucis æternæ

FAites jouir de la lumiere éternelle, Seigneur , l'ame de votre servante N. à qui vous avez accordé pendant sa vie mortelle, le gage & le sacrement de votre miséricorde ; Par notre Seigneur.

℞. Délivrez-moi, Seigneur, de ceux qui me haïssent : que je ne sois point englouti dans l'abîme, & que le puits où l'on me jette ne se ferme pas sur moi. * Exaucez-moi, Seigneur, dont la bonté est toûjours prête à pardonner : prenez soin de mon ame, & délivrez-la. Ps. 68.

consortium ; quæ in hâc luce pósita, misericórdiæ tuæ consecúta est sacramentum ; Per Dóminum.

℞. Líbera me, Dómine, ab iis qui odérunt me : non absórbeat me profundum, neque úrgeat super me puteus os suum : * Exaudi me, quóniam benigna est misericórdia tua : intende ánimæ meæ, & líbera eam. Ps. 68.

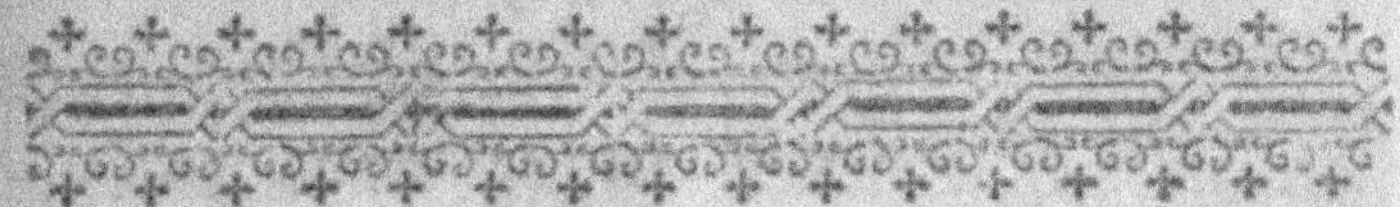

Le deuxiéme Novembre.

LA COMMÉMORATION

DES MORTS.

On dit avant la Messe un des Nocturnes, suivant le jour, ci-devant page 109.

A LA MESSE.

INTROÏT.

REspice, Dómine, in te-staméntum tuum; ne tradas béstiis ánimas confiténtes tibi : & ánimas páuperum tuórum ne obliviscáris in finem. *Pf. 73.*

Pf. Ut quid, Deus, repulísti in finem;

JEtez les yeux, Seigneur, sur votre alliance ; ne livrez pas aux bêtes les ames qui confessent votre nom, & n'oubliez pas pour toûjours les ames de vos pauvres. *Pf. 73.*

Pf. Pourquoi, ô mon Dieu, nous avez-vous

rejetté pour toûjours; & *pourquoi* votre fureur s'est-elle allumée contre les brebis que vous nourissez dans vos pâturages?

℣. Donnez-leur, Seigneur, le repos éternel, & faites luire sur eux votre lumiere éternelle. Jettez les yeux.

irátus est furor tuus super oves páscuæ tuæ?

℣. Réquiem ætérnam dona eis, Dómine; & lux perpétua lúceat eis. Réspice.

ORAISON.

O Dieu, Créateur & Rédempteur de tous les fideles, accordez aux ames de vos serviteurs & de vos servantes la rémission de tous leurs péchés; afin qu'elles obtiennent par les très-humbles prieres de votre Eglise le pardon qu'elles ont toûjours désiré. Vous qui vivez & regnez.

Fidélium, Deus, ómnium cónditor & redémptor, animábus famulórum famulárumque tuárum remissioné cunctórum tríbue peccatórum; ut indulgéntiam quam semper optavérunt, piis supplicatiónibus conséquántur. Qui vivis & regnas.

EPÎTRE.

Léctio Epístolæ beá-
ti Pauli Apóstoli
ad Corínthios,
1. Cor. cap. 15.

Lecture de l'Epître de
l'Apôtre saint Paul
aux Corinthiens. 1.
Cor. ch. 15.

FRatres ; ecce mystérium vo-bis dico : Omnes quidem resurgé-mus, sed non om-nes immutábimur. In moménto, in ictu óculi, in novíssima tuba : canet enim tuba, & mórtui re-súrgent incorrúpti, & nos immutábi-mur. Opórtet enim corruptíbile hoc in-dúere incorruptió-nem, & mortále hoc indúere immortali-tátem. Cùm autem mortále hoc indúe-rit immortalitátem,

MEs Freres ; voici un mystère que je m'en vais vous di-re : Nous ressusciterons tous, mais nous ne se-rons pas tous changés. En un moment, en un clein d'œil, au son de la derniere trompette : car la trompette sonne-ra, & les morts ressus-citeront en un état in-corruptible, & *alors* nous serons changés. Car il faut que ce corps corruptible soit revêtu de l'incorruptibilité, & que ce corps mortel soit revêtu de l'immor-talité. Et quand ce corps mortel aura été revêtu de l'immortalité, alors cette parole de l'écriture sera accomplie : La mort a été absorbée par la victoire. O mort, où est ta victoire ? O mort, où est ton aiguillon ? Or le péché est l'aiguillon de la mort ; & la loi est la force du péché. C'est pourquoi rendons graces à Dieu qui nous a donné la victoire par notre Seigneur JESUS-CHRIST.

tunc fiet sermo qui scriptus est ; absórpta est mors in victória. Ubi est mors victória tua ? Ubi est mors stímulus tuus ? Stímulus autem mortis , peccátum est ; virtus verò peccáti , lex. Deo autem grátias , qui dedit nobis victóriam per Dominum nostrum Jesum Christum.

GRADUEL.

J'Ai crié vers vous, Seigneur ; j'ai dit : Vous êtes mon espérance , & mon partage dans la terre des vivans.

℣. Tirez mon ame de la prison où elle est, afin que je benisse votre nom ; les justes sont

CLamávi ad te , Dómine, dixi : Tu es spes mea , pórtio mea in terra vivéntium.

℣. Educ de custódia ánimam meam ad confiténdum nómini tuo ; me expéctant justi, donec retríbuas mihi. *Ps. 141.* — dans l'attente de la justice que vous me rendrez. *Ps. 141.*

TRAIT.

DOmine omnípotens, ánima in angústiis, & spíritus ánxius clamat ad te : Audi, Dómine, & miserére, quia Deus es miséricors ; & miserére nostri quia peccávimus ante te. Dómine omnipotens, Deus Israel, audi nunc oratiónem mortuórum Israel. *Baruch. cap. 3.*

SEigneur tout-puissant, l'ame dans la douleur qui l'a presse, & l'esprit dans l'inquiétude qui l'agite, crie vers vous : Ecoutez, Seigneur, & ayez compassion, parce que vous etes un Dieu compatissant ; faites-nous miséricorde, parce que nous avons péché en votre présence. Seigneur tout-puissant, Dieu d'Israel, écoutez maintenant la priere des morts d'Israel. *Baruch. 1. ch. 3.*

PROSE.

Dies iræ, dies illa. *Pag. 171.*

EVANGILE.

Suite du saint Evangile selon saint Jéan. *ch. 5.*

EN ce tems-là; Jesus dit aux Juifs : En vérité, en vérité je vous dis, que l'heure vient, & qu'elle est déja venue, que les morts entendront la voix du Fils de Dieu, & que ceux qui l'entendront vivront. Car comme le Pere a la vie en lui-même, il a donné au Fils d'avoir la vie en lui-même : & il lui a donné le pouvoir de juger, parce qu'il est Fils de l'homme. Ne vous étonnez pas de ceci ; car le tems viendra que tous ceux qui sont dans les sépulcres, entendront la voix du Fils de Dieu. Et ceux qui auront fait de bonnes œuvres, sortiront *des tombeaux*

Sequéntia sancti Evangélii secúndùm Joánnem. *cap. 5.*

IN illo témpore; Jesus dixit Judæis : Amen, amen dico vobis, quia venit hora, & nunc est, quando mórtui áudient vocem Fílii Dei ; & qui audíerint, vivent. Sicut enim Pater habet vitam in semetípso, sic dedit & Fílio habére vitam in semetípso : & potestátem dedit ei judícium fácere, quia Fílius hóminis est. Nolite mirári hoc ; quia venit hora, in qua omnes qui in monuméntis sunt, áudient vocem Fílii

Iii Dei. Et procédent qui bona fecérunt, in resurrectiónem vitæ : qui veró mala egérunt, in resurrectiónem judícii.

pour resusciter à la vie : comme ceux qui en auront fait de mauvaises, en sortiront pour resusciter à leur condamnation.

OFFERTOIRE.

AD Dóminum aspíciam, expectábo Deum Salvatórem meum ; áudiet me Deus meus : consúrgam cùm sédero in ténebris, Dóminus lux mea est : iram Dómini portábo quóniam peccávi ei ; edúcet me in lucem, vidébo justítiam ejus. *Mich. cap. 7.*

JE jetterai les yeux sur le Seigneur, j'attendrai Dieu mon Sauveur ; & mon Dieu écoutera ma voix : je me releverai après que je me serai assis dans les ténebres, le Seigneur est ma lumiere : je porterai le poids de la colere du Seigneur, parce que j'ai péché contre lui ; il me fera passer des ténebres à la lumiere, je contemplerai sa justice. *Michée ch. 7.*

SECRETE.

HOstias, quæsumus Dómi-

REcevez favorablement, Seigneur,

S

les hosties que nous vous offrons pour les ames de vos serviteurs & de vos servantes ; afin que ceux & celles à qui vous avez donné le mérite de la foi , en reçoivent de vous la récompense. Par notre Seigneur.

ne , quas tibi pro animábus famuló-rum famulárumque tuárum offérimus , propitiátus inténde; ut quibus fidei chri-stiánæ méritum con-tulísti, dones & præ-mium. Per Dómi-num nostrum.

PRÉFACE, *page 24.*

COMMUNION.

CElui qui mange ma chair & boit mon sang , a la vie éter-nelle ; & je le ressusci-terai au dernier jour. *Jean. ch. 6.*

QUi mandúcat meam car-nem & bibit meum sánguinem , habet vitam ætérnam ; & ego resuscitábo eum in novíssimo die. *Joann. cap. 6.*

POST-COMMUNION.

FAites , Seigneur , que les très-hum-bles prieres que nous

ANimábus , quæsumus Dó-mine , famulorum

famulárumque tuárum, orátio profíciat supplicántium; ut eas & à peccátis ómnibus éxuas, & tuæ redemptiónis facias esse partícipes. Qui vivis & regnas.

vous faisons pour les ames de vos serviteurs & de vos servantes, leur soient utiles ; afin que vous les dégagiez de tous leurs péchés, & que vous les fassiez jouir du fruit de votre rédemption. Vous qui vivez & régnez,

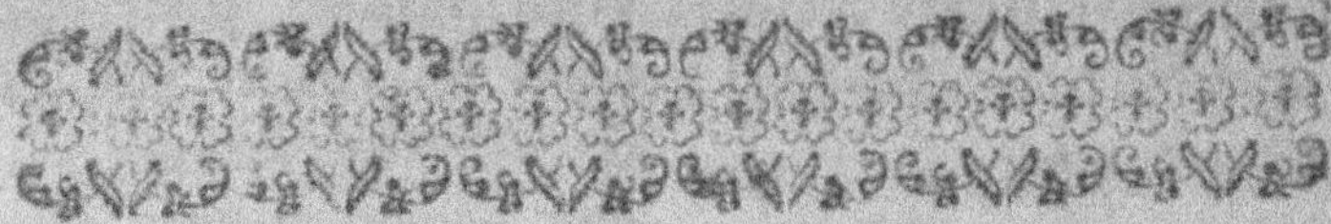

PRIERE
A LA MORT D'UN PARENT
OU
D'UN AMI.

JE vous rends graces, Seigneur, de ce que vous avez retiré à vous celui que j'aimois tendrement. Vous me l'aviez prêté pour un tems : vous me le redemandez présentement, vous le reprenez pour toûjours. Vous le voulez ainsi : je m'y soumets. Que votre nom soit béni. Ce n'est pas pour toûjours que j'en suis separé. Vous me redemanderez bientôt à moi-même le dépôt de la vie que vous m'aviez confié. Je ne demeurerai pas toûjours sur la terre : & je suivrai à mon tour ceux que vous appellez avant moi. Que je desirerois être du nombre de ces ames saintes, à qui la conscience ne reproche rien, à qui la charité parfaite donne de l'assurance ; & qui gémissant de la longueur de leur éxil, demandent avec ardeur la dissolution de leur corps ! La perfection du Chrétien est de supporter la vie avec patience, & de recevoir la mort avec joie. Pour moi, encore trop imparfait, je sens que la vûe de la mort m'afflige & m'effraye. O mon Dieu ! rendez-moi salutaire cette affliction & cette crainte : essuyez par la joie de la foi, les larmes que je verse sur le corps de celui que je chérissois, & qui est séparé de son ame ; & faites-moi répandre par la pénitence, de précieuses larmes sur moi-même, sur mon ame, que le péché sépare de vous, ou qui est sans cesse en danger d'en être séparée par le péché. Affermissez-moi contre la crainte d'une mort qui ne peut rien que sur le corps ; & faites-moi craindre le péché qui cause la mort & à l'ame & au corps. Faites que je vous craigne, vous qui avez le pouvoir de jetter & l'ame & le corps dans la géhenne du feu. Ne permettez pas que j'efface si-tôt de ma mémoire le souvenir de la mort ; & faites que priant souvent pour celui dont je pleure présentement la mort, je me prépare à la mienne, & je m'efforce d'obtenir de vous l'esprit de pénitence, la persévérance finale, & la charité dans laquelle je désire mourir.

DE LA PRÉPARATION
A LA MORT.

Raisons qui nous y obligent.

1. *I*L est ordonné que les hommes mourront une *fois.* Hebr. ix. Personne n'échapera à cet arrêt, & on ne meurt qu'une seule fois. Quel oubli

de ne se pas préparer à une chose qu'on ne peut éviter, & d'où dépendent notre bonheur, ou notre malheur éternel ! avons-nous quelqu'affaire plus importante que celle-là ?

2. Il n'y a point d'avis plus souvent répété dans l'Écriture, que celui de l'incertitude de l'heure de la mort. *Tenez-vous prêts, parce que le Fils de l'homme viendra à l'heure que vous n'y penserez pas. Veillez donc ; parce que vous ne sçavez pas à quelle heure votre Seigneur doit venir.* Matth. XXIV. *Je viendrai bientôt comme un larron : heureux celui qui veille.* Apoc. XVI. Tout le monde est surpris à la mort ; ceux qui y ont été les plus attentifs, ont encore quelque chose à faire quand elle arrive ; nous le voyons tous les jours, nous nous le disons à nous-mêmes ; & cependant on l'oublie, comme si on n'y avoit point d'intérêt.

3. Quand la mort viendra, il ne sera plus tems de s'y préparer ; la nature affoiblie par la maladie, occupée par les remédes, ne nous laissera ni le loisir, ni la force d'entrer dans les dispositions nécessaires à paroître devant Dieu. Est-il tems, & est-on en état de faire pénitence, de régler les affaires de toute sa vie, de disposer de son bien & de l'état de sa famille avec une fiévre ardente, & peut-être dans une apopléxie qui ôte l'usage de tous les sens ? Combien d'ailleurs de morts subites, qui ne laissent de tems que pour faire entendre ce mot désolant : *Il n'y aura plus de tems.* Apoc. X. C'est pourquoi pendant que nous avons encore un

peu de ce tems si précieux, servons-nous-en pour nous préparer à notre état éternel.

La pratique de la préparation à la mort.

1. **P**Enser toûjours à la mort, & l'avoir, pour ainsi dire, toûjours présente devant les yeux. *Je meurs tous les jours.* C'est ce que saint Paul se disoit. *Puisque vous ne sçavez pas quand le maître de la maison viendra : si ce sera le jour, ou à minuit, ou au chant du coq, ou au matin, prenez garde à vous ; veillez & priez, de peur que survenant tout d'un coup, il ne vous trouve endormis. Ce que je vous dis, je le dis à tous.* C'est l'avis que Jesus-Christ a répété en différens endroits de l'Evangile. Faire une sérieuse réflexion sur la mort tous les jours dans l'examen du soir. Visiter ses amis à la mort, & même les agonisans dans les hôpitaux, pour voir de nos yeux l'état où nous nous trouverons à la mort, & se familiariser avec elle.

2. Donner ordre de bonne heure aux affaires de son salut & de sa famille : faire son testament dans un esprit de justice & de charité, comme si on alloit paroître devant Dieu. Se détacher des choses de la terre & de tout ce qu'il faudra laisser à l'heure de la mort, charges, dignités, honneurs, biens, famille, amis, plaisirs ; y renoncer dès cette vie, & y mourir autant que l'on peut. Se dépouiller tous les jours de quelque chose, pour quitter avec mérite pendant la vie, ce que nous quitterons par force & sans fruit à la mort.

Donner plus abondamment aux pauvres fans craindre la difete & le befoin ; comme un homme qui n'a guères plus de tems à vivre , & qui fe fait des amis pour l'éternité.

Faire quelque aumône chaque jour , pour obtenir la grace de bien mourir.

Les aumônes que l'on fait foi-même & de fon vivant , font d'un bien plus grand mérite , que celles que l'on ordonne après la mort , lorfqu'on ne peut plus jouir de fon bien.

Ufer de tous les plaifirs avec retenue , & comme en paffant , felon l'avis de faint Paul ; s'en priver fouvent par pénitence , pour en avoir trop abufé.

Le tems eft court , il le faut donc ménager. Il eft court pour tout le monde , & principalement quand on approche du terme ordinaire de la vie. L'employer fur-tout à l'œuvre de notre falut , aux actions de charité & à la priere.

Faire du moins fes principales actions , comme fi elles étoient les dernieres de notre vie , dans l'efprit de ferveur & de pénitence.

Prendre quelques heures tous les mois , & quelques jours tous les ans pour les employer uniquement à cette préparation fi néceffaire.

Faire fouvent les actes que nous n'aurons peutêtre pas le loifir , ni le pouvoir de faire à la mort. Principalement ceux de foi , de contrition de nos péchés , d'amour , de confiance , & d'abandon à Dieu , de défir du Ciel , d'acceptation de la

mort

mort dans l'esprit de pénitence & de satisfaction de nos fautes.

Sur-tout vivre chrétiennement, éviter le péché, fréquenter les Sacremens, recevoir quelquefois la Communion, comme si on la prenoit pour Viatique.

Faire dire quelquefois la sainte Messe, pour demander à Dieu en lui offrant la mort de son Fils, une bonne mort pour nous.

3. Mais la plus importante disposition à la mort, est de s'occuper de celle de Jesus-Christ, de l'honorer & de l'étudier pour y rendre la nôtre conforme. Jesus-Christ est mort par charité. *Il nous a aimé, & nous a lavé de nos péchés dans son sang.*

Il est mort dans l'esprit de pénitence, & comme *la victime de propitiation pour nos péchés, & non seulement pour les nôtres, mais aussi pour ceux de tout le monde.* 1. Joan. 11.

Il a obéi jusqu'à la mort, & à la mort de la Croix.

Prions-le qu'il imprime en nous ces saintes dispositions, & qu'il nous donne sa grace, pour faire notre sacrifice dans l'esprit qu'il a fait le sien.

T

PRIERES
AVANT LA CONFESSION,

Pour demander à Dieu le pardon de ses péchés par une véritable contrition.

O Dieu, qui avez déclaré par votre Prophete, que vous ne voulez point la mort du pécheur, mais seulement qu'il se convertisse ; pénetrez mon esprit de la crainte de vos jugemens, & imprimez jusqu'au fond de mon cœur un vrai regret & une parfaite contrition de tous mes péchés, afin que je retourne à vous par ces saints mouvemens. Faites, Seigneur, que je connoisse le nombre de mes offenses, que j'en découvre l'énormité, que je les pleure avec des larmes sinceres, que je les confesse avec humilité, & que je les aie sans cesse devant les yeux, pour les détester & les expier par la pénitence.

Pardonnez, mon Dieu, pardonnez à une créature que vous avez voulu ra-

cheter par le Sang précieux de votre
Fils JESUS-CHRIST. Pardonnez à
une ame qui reconnoiſſant ſes infidélités, vous demande miſéricorde avec de
profonds gémiſſemens & un cœur briſé
de douleur. Ah! Seigneur, comment
ne la demanderois-je pas, après avoir
offenſé un Dieu d'une majeſté Souveraine, & d'une bonté infinie. J'eſpere
donc de vous, ô mon Dieu, cette miſéricorde tant deſirée, puiſque vous la
promettez à ceux qui gémiſſent de leurs
péchés. Je me ſouviendrai donc tous les
jours de ma vie de ceux que j'ai commis; mais je ne m'en ſouviendrai que
dans l'amertume de mon cœur, & dans
la douleur de mon ame. Je ne m'en ſouviendrai que pour confeſſer devant vous
avec ſoupirs, que j'ai violé les promeſ-
ſes de mon baptême, que j'ai profané
vos plus ſacrés myſtères, & que j'ai tant
de fois abuſé de vos graces. J'aurai ſans
ceſſe devant les yeux les péchés de ma
jeuneſſe, pour vous en demander pardon : Dieu de bonté, accordez-le moi
dès-à-préſent, afin que je ne ſois plus

l'objet de votre indignation & de votre colere. Pardonnez-moi tant d'emportemens & juremens, par lesquels j'ai donné tant de scandales, & que j'ai si souvent réïteré. J'espere donc, ô mon Dieu, de n'y plus retomber, avec le secours de votre grace, moyennant laquelle je peux toutes choses, & sans laquelle je ne peux rien du tout. Je vous la demande avec toute l'instance d'un cœur contrit & humilié par les mérites de JESUS CHRIST ; Je l'attens de votre miséricorde, aussi-bien que le pardon de mes fautes, afin qu'ayant reçu l'un & l'autre, je vous en rende des actions de graces immortelles dans le tems & dans l'éternité. Ainsi soit-il.

PRIERE

Pour implorer le secours de la grace.

SOuverain Créateur du ciel & de la terre, qui m'avez formé de rien à votre ressemblance, & qui m'avez racheté au prix de votre Sang ; recevez-moi maintenant, tout pécheur que je suis, avec la même bonté que vous reçûtes la Cananéenne, la fameuse pécheresse Madelaine, le Publicain & le bon Larron, quand ils ont imploré votre miséricorde.

Vous sçavez, ô mon Dieu, combien de fois je suis tombé dans les péchés d'orgueil, d'avarice, d'impureté, &c. Vous sçavez combien j'ai négligé mon salut, celui de mes enfans & domestiques, crime dont je ne puis trop m'accuser. Quel compte ne vous rendrai-je point un jour d'un devoir aussi essentiel que celui-là ? Ah ! Seigneur, je n'y puis penser sans frémir de crainte & d'effroi.

Mais puisque votre miséricorde l'emporte aujourd'hui sur la chair & le sang ; je m'adresse à cette même bonté qui vous a obligé de pardonner à David qui étoit adultere & homicide tout ensemble, & qui vous fit jetter les yeux sur Pierre à dessein de fortifier sa foi dans le moment même qu'il vous renioit.

Souvenez-vous encore, Seigneur, que vous avez reçu en grace les Publicains & les femmes débauchées. Serois-je assez malheureux pour être exclus d'un bien où tant de pécheurs n'ont pas aspiré

vainement ? JESUS-CHRIST n'est-il
point mort pour moi comme pour eux ?
la source de vos miséricordes est-elle ta-
rie ? Non, mon Dieu, je n'ai garde d'a-
voir cette pensée. Je sçai que vous n'êtes
point sujet au changement, & que nous
avons toujours pour médiateur entre vous
& les hommes le même JESUS-CHRIST qui
prie sans cesse pour nous, lorsque nous
avons recours à lui. Je vous offre donc,
mon Dieu, son Sang, ses Plaies & sa mort
si douloureuse, pour satisfaction de toutes les offenses que j'ai commises contre
votre divine Majesté. Ainsi soit-il.

PRIERE.
Avant que d'entrer au Confessional.

JE m'anéantis, ô mon Dieu, devant
votre divine Majesté. Détournez vos
regards de dessus mes péchés, & ne vous
en souvenez point dans votre colere.
Regardez-moi d'un œil de compassion
& de miséricorde ; car en l'état où je
me vois maintenant, ma misere est
sans égale.

Pour réparer tant de crimes, je vais,

Seigneur, vous en faire une Confession
entiere & sincere ; & je vous promets
d'accomplir très fidélement la pénitence
qui me sera imposée, quelque rude qu'elle
puisse être : Et comme l'aveu que je
vous fais est accompagné de toute l'humilité dont je suis capable, j'ose esperer
que par votre miséricorde infinie que
j'implore, & par les mérites de votre
Passion, de votre Sang, & de votre
Mort, vous m'accorderez le pardon de
mes péchés, & que vous me donnerez
la grace de vivre à l'avenir d'une meilleure vie, & d'y perséverer jusqu'à la
mort. Ainsi soit-il.

PRIERE

APRÉS LA CONFESSION.

JE vous supplie, ô mon Dieu, par les
mérites de votre très-sainte Mere, &
de tous vos Saints, d'agréer la Confession que je viens de vous faire, & de
suppléer par votre infinie miséricorde à
tous les manquemens qu'il peut y avoir
eu, tant à l'égard de la Contrition, qu
de l'integrité de la Confession ; & dai-

gnez approuver & confirmer dans le
Ciel l'Abſolution que j'ai reçû ſur la
terre ; c'eſt la grace que je vous demande, Seigneur, qui vivez & regnez dans
tous les ſiécles. Ainſi ſoit-il.

PRIERE

AVANT LA COMMUNION.

J'Ai un regret ſenſible de tous les péchés que je viens de vous confeſſer,
ô mon Dieu, non ſeulement parce que
vous êtes infiniment bon, mais encore
parce qu'il n'y a aucun bien en moi qui
ne vienne de vous. Soyez-moi propice,
mon divin Sauveur, puiſque j'ai forte-
ment réſolu, & proteſté de ne vous plus
offenſer, & d'en éviter juſqu'aux moindres occaſions. C'eſt pour cela, mon
Dieu, que je ſouhaite ardemment de
vous recevoir dans ce divin Sacrement,
afin que mon ame étant nette de tous
péchés, vous demeuriez en moi, comme
je ſouhaite demeurer en vous.

Mon intention eſt de vous offrir ce

sacrifice pour la gloire de votre saint Nom, pour le salut de mon ame, pour l'utilité de votre sainte Eglise, pour tous mes amis & bienfaiteurs, tant vivans que défunts, que pour mes ennemis même.

Que puis-je faire pour vous, ô mon Dieu, à qui je dois tout ce que je suis, puisque vous m'avez racheté par votre Fils, qui s'est fait homme pour me sauver? Mais au fond qu'est-ce que je suis si ce n'est que cendre & poussiere? Que suis-je autre chose que du vent & de la vanité? Où étois-je il y a cent ans? Helas! le néant étoit mon partage: cependant, ô bonté suprême, vous m'avez créé de toute éternité, pour être nourri dans le sein de l'Eglise, d'où tant de millions d'ames sont privées: Je ne puis réfléchir à cette grande vérité, sans rougir de confusion, connoissant mon ingratitude, mes infidélités, & la dureté de mon cœur envers un Dieu si rempli de miséricorde pour un si misérable pécheur, dont vous n'avez nullement besoin.

Que vous offrirai-je donc, ô mon Dieu,

pour tant de bienfaits, sinon votre Fils bien-aimé, que je vous présente comme la meilleure & la plus agréable offrande qui puisse vous être faite, puisqu'il est le sujet de vos complaisances?

ACTE DE FOI.

JE crois fermement, mon Sauveur, que vous qui êtes vrai Dieu & vrai Homme, & qui n'avez avec le Pere qu'une même nature, une même majesté, une même puissance; je crois que vous êtes véritablement & réellement présent dans ce Sacrement, puisque vous avez dit : *Ceci est mon Corps.* Oui, je crois tout ce que vous avez dit, ô mon Dieu, puisque vous êtes la vérité même.

Pourquoi t'afflige-tu, mon ame, & pourquoi te trouble-tu? Mets toute ta confiance en Dieu. C'est lui qui est la source de tous les biens, & l'auteur de la grace, qui se donne lui-même à toi dans ce Sacrement. Approche-toi donc de lui avec une entiere confiance, puisqu'il est plein de bonté, de douceur & de miséricorde.

O Dieu, qui êtes la charité éternelle, faites que je vous aime comme vous m'avez aimé. Vous seul êtes mon appui, mon azile, & mon libérateur. Il ne faut donc que demeurer dans la charité pour demeurer avec vous : C'est ce qui me fait désirer ardemment de vous recevoir aujourd'hui dans ce sacrement, afin de pouvoir m'unir à vous par les liens d'un parfait amour. Après cela qui pourra me séparer de la charité & de l'amour de mon Sauveur ? J'espere que moyennant votre sainte grace, ni la mort, ni aucun revers de fortune ne pourront me séparer de vous, ô mon Dieu.

Pain céleste, Pain qui fortifiez le cœur de l'homme, qui donnez la vie éternelle à ceux qui vous mangent, & qui la refusez à ceux qui ne vous mangent pas ; donnez la substance nécessaire à mon ame languissante, afin que soutenu par la force de votre réfection céleste, je puisse me rassasier pleinement dans votre Royaume de cette viande, qui n'est autre chose que vous-même, & pour me remplir des mets délicieux qui sont toujours en abondance dans votre maison,

PRIERE
En approchant de la sainte Table.

Dieu de majesté, je ne m'approche de vous qu'avec crainte, & avec tremblement, quand je considere mon indignité.

Car enfin quelle proportion peut-il y avoir entre Dieu & l'homme, entre le Créateur & la Créature, c'est-à-dire, entre le péché & la sainteté? Or vous êtes la sainteté même, & moi je ne suis que péché. Comment osai-je donc m'approcher de vous? Ah! Seigneur, je n'aurois garde de le faire, si vous n'aviez eu la bonté de me le commander. Puis donc, mon Dieu, que vous le voulez, & que vos délices sont d'être avec les enfans des hommes, venez dans moi, venez; car je le désire de toute l'ardeur de mon ame, & de toute l'étendue de mon cœur. Vous êtes toute ma joie & tout mon bonheur. Venez, vous êtes la nourriture de mon ame, & le soutien de mon cœur. Mais sanctifiez-le auparavant, mon Dieu, parce qu'il n'est pas digne de vous recevoir, si vous ne le purifiez par l'infusion de votre grace & de votre amour.

PRIERE

*Pour implorer le secours de la Sainte Vierge,
& de tous les Saints.*

AVANT LA COMMUNION.

JE m'adresse à vous, très-Sainte Marie, Vierge & Mere tout ensemble, qui remplie de grace, avez mérité de concevoir & porter dans votre sein virginal JESUS-CHRIST Dieu & Homme; obtenez moi, je vous prie, la grace de le recevoir & porter dignement dans mon sein par l'effet du Mystere adorable de nos Autels : Et vous nombreuse assemblée des Saints, je vous conjure par celui que vous contemplez face à face, de me secourir de vos prieres, afin qu'il m'accorde la grace de le recevoir si dignement dans le Sacrement de l'Eucharistie, que je le puisse voir comme vous, & avec vous à découvert dans le Ciel. Ainsi soit-il.

PRIERES

APRÈS LA COMMUNION.

Actions de graces.

J'Admire, ô mon Sauveur JESUS-CHRIST, l'excès de votre bonté, la grandeur de votre amour, & l'étendue de vos miséricordes pour ceux qui les implorent, & qui ont recours à vous.

Quoi, mon Dieu, vous avez daigné vous abaisser jusqu'à moi ! Vous, Roi du ciel & de la terre ; moi, malheureux & vil esclave ! Vous, Créateur de toutes choses ; moi, la moindre & la plus indigne de vos créatures ! D'où me peut venir, Seigneur, une faveur si rare & si singuliere, d'être descendu jusqu'à moi, qui ne suis capable que de vous faire horreur, & qui ne puis que vous éloigner de moi par l'énormité de mes crimes ?

Que puis-je rendre à mon Sauveur pour toutes les graces qu'il m'a faites ? Que ne puis-je employer sans cesse mes lévres & ma bouche à publier ses louanges, à chanter la grandeur de ses bienfaits , & à faire le récit de ses merveilles & de sa puissance à toute la terre ! Que mon ame glorifie le Seigneur , en reconnoissance de tant de faveurs qu'elle en a reçûes , & que mon cœur éclate en des sentimens d'une joie toute sainte pour les graces dont il m'a bien voulu combler, ayant jetté les yeux sur la misere de son serviteur , puisqu'il m'a nourri de ses viandes célestes & divines, dans le tems que je languissois de faim.

Bénissez donc maintenant le Seigneur, mon ame , bénissez-le par tout ce qui se trouve en moi. Ouï , mon ame , bénissez le Seigneur , & n'oubliez jamais de si grands bienfaits ; puisqu'il vous a remis tous vos péchés , & qu'il a guéri toutes vos blessures par l'application du baume salutaire de l'Eucharistie.

Votre grandeur est sans bornes , ô mon Dieu , & vous méritez des louanges infinies. Mais qui pourroit dignement parler de votre puissance ? Je reconnois, ô mon Dieu, que quand toutes les parties de mon corps seroient autant de langues , & formeroient autant de remer-

cimens pour toutes vos miséricordes,
mes actions de graces seroient encore
infiniment au-deſſous de tout ce que je
dois à votre infinie bonté. Recevez donc,
Pere des miséricordes, recevez les louanges & les actions de graces que votre Fils
unique notre Rédempteur vous a rendues
pendant toute ſa vie, particulierement
lorſqu'il inſtitua cet adorable Sacrement
de l'Euchariſtie. Recevez auſſi toutes les
actions de graces que la Sainte Vierge,
Mere de votre Fils unique, vous a rendues
durant ſon ſéjour ſur la terre. Que tous les
Eſprits bienheureux qui environnent le
Trône de votre Majeſté infinie, vous
louent & vous béniſſent à jamais. Ainſi
ſoit-il.

P R I E R E.

Offrande à Dieu.

Dieu éternel, Pere des miséricordes,
ſouffrez que je vous offre en ce jour
votre Fils bien-aimé, qui a toûjours été
l'objet de vos complaiſances & de votre
tendreſſe. Puis-je vous faire une offrande
qui vous ſoit plus agréable, pour appaiſer

votre

votre colere, en faveur d'une ame criminelle comme la mienne, que celui
qui eſt une victime de propitiation pour
tous les péchés des hommes ? C'eſt lui
qui eſt l'Hoſtie ſainte, & l'Agneau ſans
tache, qui exempt des ſouillûres du péché, a porté lui ſeul la peine dûe à tous
les péchés du monde aux dépens des
plaies & des douleurs de ſon ſacré Corps.

Ne rejettez donc pas cette offrande,
ô mon Dieu, ayez égard à ſon prix & à
ſon mérite infini. Reconnoiſſez cette victime innocente que vous avez donnée
pour le rachat de nos ames criminelles.

Recevez donc, Pere ſaint, Dieu éternel & tout-puiſſant, cette Hoſtie ſainte
pour l'expiation de mes péchés. Tout
indigne que je ſuis, je vous offre votre
Fils, avec tous ſes tourmens, toutes ſes
douleurs, & tous ſes ſoûpirs.

Que ſon amour a été extraordinaire
pour moi ! puiſqu'il s'eſt immolé lui-
même ſur l'Autel de la Croix pour le
prix de ma rédemption.

Vous ne mépriſerez point, ô mon
Dieu, ce pécheur, ni cette brebis égarée,

V

qui vous offre son cœur, son esprit &
toutes les facultés de son ame, puisque
vous êtes le Pere des miséricordes. Ouï,
mon Dieu, mon cœur, mon esprit, &
tout ce qui peut être en moi est tout à
vous, vous en êtes entierement le maître. Disposez donc de tout ce que je suis,
puisque vous m'avez fait tout ce que je
suis.

O divin JESUS, qui, par la grandeur
de votre amour, vous êtes transformé
vous-même en nourriture, pour alimen-
ter & fortifier mon ame, daignez agréer
pour votre esclave celui pour l'amour de
qui vous vous êtes transformé en esclave, & daignez présenter à votre Pere
éternel, les riches trésors de vos mérites,
de vos souffrances & de votre passion,
afin que je puisse obtenir par votre entre-
mise la grace que je ne pourrois jamais
mériter par moi-même.

O Dieu de vérité, qui par l'effusion
de votre sang, m'avez tiré de la mort
éternelle, je ne veux plus m'attacher
qu'à vous, & ne mettre toutes mes espé-
rances qu'en vous ; car sans vous, que

puis-je espérer dans le ciel ni sur la terre, puisque vous êtes mon unique partage, & que c'est vous qui devez me remettre en droit de posséder l'héritage du ciel.

PRIERE

Pour demander à Dieu ce qui nous est nécessaire.

DIvin Sauveur du monde, c'est sur la confiance que j'ai en la grandeur de vos miséricordes, que je me suis approché de vos Autels, quoique j'aurois dû m'en éloigner à la vûe de mes miséres & de mes iniquités. Mais, mon doux JESUS, daignez oublier les péchés de ma jeunesse, & tous ceux que je puis avoir commis sans les connoître ; je me donnerai bien de garde de retomber désormais dans le péché. N'entrez donc point en discussion avec votre esclave, puisqu'il n'est personne qui puisse se justifier devant vous. Ne vous souvenez donc que de cette infinie bonté qui vous oblige à me pardonner. Qui pourroit s'opposer à vos justes Jugemens, si une fois vous entriez dans l'examen de nos iniquités ? Où est celui qui oferoit approcher de votre Table facrée ? Où eft l'homme qui pourroit fupporter les rigueurs de votre Juftice , & les regards de votre divine Majefté ? puifqu'à peine les Bienheureux paroiffent juftes devant vous.

O Dieu ! quelle confiance n'a point un coupable , quand il eft perfuadé que fon Juge ne cherche qu'à le fauver. Mes crimes m'ont accablé , & m'ont mis dans le dernier abbattement : cependant je ne dois pas m'éloigner de vous. C'eft au contraire ma foibleffe & ma langueur qui doivent m'obliger d'avoir recours à vous, comme on a recours aux Médecins, qui ne font néceffaires qu'aux malades, & nullement à ceux qui fe portent bien. Vous êtes en effet celui de mon ame, puifque vous avez voulu guérir nos maux par ceux que vous avez foufferts. Guériffez-la donc, Seigneur, car elle s'eft fait malade en vous offenfant.

Agneau de Dieu, qui portez les péchés du monde, foulagez-moi du pefant fardeau, fous le poids duquel je fuccombe, puifque je ne trouve perfonne qui puiffe

m'en décharger que vous seul. Souvenez-
vous que vous avez bien voulu vous charger d'une Croix & de nos iniquités. Souvenez-vous encore des paroles que vous
avez tant de fois réïtérées : *Venez à moi,
vous tous qui souffrez & qui êtes chargés,
& je vous soulagerai.* Après cela, comment ne viendrai-je pas à vous, si je ne
trouve que vous qui puissiez me décharger de l'horrible faix de mes crimes.

C'est moi qui suis cet enfant prodigue
& désobéissant, qui ai quitté votre maison pour aller dissiper mon patrimoine
dans un pays éloigné, où je me suis vû
réduit dans la derniere des miséres. Mais
où faudroit-il que je me réfugiasse, si je
ne retournois pas à vous, qui êtes un
Pere plein d'amour & de tendresse ? Vous
êtes le Pere des miséricordes & le Dieu
de toute consolation, qui ne manquez
jamais de recevoir vos enfans en grace,
& de leur tendre les bras avec toute l'affection & toute la tendresse d'un bon
pere, lorsqu'ils osent bien revenir à vous.

N'ayez donc que de l'indulgence pour
moi, ô mon Dieu, rappellez votre enfant

de ſes égaremens, couvrez ſa nudité, raſſaſiez ſa faim.

Exercez votre miſéricorde & votre pitié envers moi. Pardonnez-moi les fautes que j'ai faites en n'approchant pas de votre Table ſacrée avec toute la préparation & la dévotion qu'éxige un Myſtère ſi auguſte & ſi adorable.

Je ne ſouhaite rien tant que de détacher mon cœur de toutes les créatures, pour m'attacher uniquement à vous, ô mon Dieu, afin que par la vertu du Sacrement que je viens de recevoir, je demeure uni à vous, & vous à moi. Ouï, Seigneur, tous mes ſouhaits tendent uniquement à vous, parce que vous êtes mon Dieu, mon Sauveur, ma lumiere, mon guide, mon maître, & par-deſſus toutes choſes, vous êtes mon Pere & mon tout. C'eſt pour cela, ô mon Dieu, que je veux ſuivre les loix de votre juſtice : Mais ſi j'ai la volonté d'exécuter ma promeſſe, vous ſçavez combien il m'eſt difficile de l'accomplir : car je ſens dans ma chair une loi contraire à celle de l'eſprit, qui m'empêche d'opérer le bien que je souhaite faire. C'eſt pour cela, mon Dieu, que j'éleve mes yeux à vous, qui connoiſſez parfaitement ce qui me manque, afin que vous m'accordiez la grace de vous être fidéle.

Agneau ſans tache, qui avez voulu naître d'une Vierge, donnez-moi la pureté du corps & de l'ame par le moyen de ce vin celeſte qui ne produit que des Vierges.

Aimable Jeſus, donnez-moi l'eſprit de douceur & de patience.

Sauveur du monde, qui par une charité très-ardente avez prié pour vos ennemis; faites que j'aime autant ceux qui me haïſſent comme vous m'avez aimé, afin que je cherche à leur faire tout le bien qui ſera en mon pouvoir.

Faites miſéricorde, Seigneur, à mes pere & mere, à mes freres, à mes ſœurs, à mes amis, à tous mes bienfaiteurs, à toute ma famille, & à tous mes ennemis. Faites-leur part des mérites de votre ſang précieux & de vos ſouffrances, afin que par le ſecours de votre grace, ils vivent ſi chrétiennement en ce monde, qu'ils puissent enfin recevoir dans le ciel la vie éternelle pour récompense.

Faites miséricorde à ceux & celles que vous avez retirés de cette vallée de larmes, & leur donnez le repos éternel auquel ils aspirent,

Très-sainte Vierge & Mere de ce même Dieu & Homme que je viens de recevoir, priez-le pour moi de me pardonner la négligence & le peu de préparation avec laquelle je me suis approché de ce Sacrement si auguste. Reine du Ciel, Médiatrice des hommes, Avocate des pécheurs, recommandez-nous à votre Fils, & obtenez-nous de sa bonté, que comme il a pris part à nos infirmités & à nos miséres, il daigne nous rendre participans de ses miséricordes & de sa gloire. Ainsi soit-il.

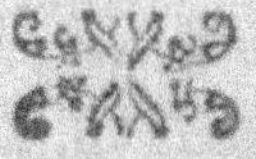

MÉDITA-

MÉDITATIONS
POUR LA FESTE ET L'OCTAVE
DE SAINT NICOLAS.

Mirificavit Dominus sanctum suum, Psalm. 4. 4.

Dieu a rendu son Saint admirable en sainteté.

I. POINT.

COnsidérez que Dieu est admira-ble en lui-même par cette magni-ficence de sa gloire & de sa sainteté, qui ravit les Anges & les Saints, & qui les tient dans un continuel ravissement & dans une perpétuelle adoration. Il est admirable dans toutes ses œuvres par la puissance, la sagesse, la justice & la miséricorde qui y éclatent; mais il est sur-tout admirable dans ses Saints par les merveilles qu'il opére en leur faveur, soit pour les sanctifier sur la

X

terre, soit pour les rendre heureux dans le Ciel. Il est admirable dans les Saints, & il rend les Saints admirables par les vertus & les dons extraordinaires dont il les enrichit, & par les saintes & merveilleuses actions qu'il leur fait faire. C'est ainsi qu'il s'est rendu admirable dans le grand saint Nicolas, & qu'il l'a rendu lui-même admirable; car quelles merveilles n'a-t-il pas fait en lui, & de combien de graces ne l'a-t-il pas comblé pour l'élever à ce haut degré de sainteté qui en a fait un des plus grands Saints de l'Eglise. Admirons, adorons, & louons Dieu dans ce grand Saint, en le bénissant des graces qu'il lui a faites, & lui demandant par ses mérites celle d'imiter ses vertus, & de travailler à devenir saint comme lui.

II. POINT.

Considérez que Dieu n'est pas moins admirable dans la conversion des pécheurs que dans la sanctification des justes. Qu'y a-t-il en effet de plus digne d'admiration que cette patience avec laquelle il les souffre; cette longue tolérance avec laquelle il les attend; cette ineffable douceur avec laquelle il les attire : cette force invincible avec laquelle il leur pardonne leurs péchés, & les comble de ses graces. Ce sont là, Seigneur, les merveilles que vous operez en faveur des pécheurs pour les ramener à vous, & pour les sauver. Usez-en, je vous prie, à mon égard : faites éclater votre miséricorde en ma faveur d'une maniere qui aille jusqu'au miracle : car je ne puis être sauvé sans miracle ; & il en faudra même plus d'un pour surmonter tous les obstacles qui s'opposent à mon salut : mais les miracles ne vous coûtent rien quand il s'agit de sauver ceux qui esperent en vous. Quels prodiges n'avez-vous pas fait en faveur de votre ancien peuple pour le tirer de la servitude de l'Egypte, & pour le mettre en possession de la terre que vous aviez promise à ses peres ? & que sont toutes ces merveilles que des figures fort imparfaites de celles que vous avez faites pour nous arracher à l'empire du démon, pour nous délivrer de la puissance des ténebres , & nous transferer dans le royaume de votre fils bien-aimé. Ah! Seigneur, donnez-moi quelque part à cette miséricorde; ne permettez pas que tant de merveilles demeurent sans effet par raport à moi; ni que je périsse après tout ce que vous avez fait pour mon salut.

POUR LE SECOND JOUR DANS L'OCTAVE.

Dieu a rendu saint Nicolas admirable en puissance.

I. POINT.

COnsidérez que ce n'est pas sans sujet que l'Eglise, dans la priere qu'elle récite à l'honneur de saint Nicolas, dit que Dieu l'a fait éclater par une infinité de miracles; puisqu'en effet il est difficile de trouver de Saint qui en ait fait en si grand nombre & de si considerables, & que c'est pour ce sujet qu'on lui a donné le nom de Grand & de

Thaumaturge. Dieu lui a donné puissance sur la terre, sur la mer & sur l'enfer : puissance dont il a usé pour secourir ceux qui étoient en danger de faire
naufrage ; pour guérir les malades, pour
consoler les affligés, pour délivrer les
innocens de l'oppression, pour chasser
les démons des corps & des ames. Puissance qui l'a rendu si célebre dans tout
le monde, qu'il n'y a pas d'endroit dans
tout l'univers d'où l'on ne vienne à son
tombeau pour en voir & en ressentir les
effets. Il a fait des miracles pendant sa
vie en faveur de tous ceux qui ont eu
recours à lui : il en fait encore souvent
maintenant qu'il est dans le Ciel en faveur de ceux qui honorent sa mémoire & qui implorent son secours. Addres-
sons-nous donc à lui avec confiance dans
tous nos besoins, & nous ressentirons les
effets de la puissance que Dieu lui a donné : car on ne l'invoque jamais en vain
quand on l'invoque comme il faut.

<h3 style="text-align:center">II. POINT.</h3>

Considérez que l'on ne nous propose
pas les miracles des Saints pour nous

donner envie d'en faire de semblables ;
mais afin de nous porter à glorifier Dieu,
en le bénissant de nous avoir donné en
eux de si puissants protecteurs, & les
prier d'employer leur credit auprès de
lui, pour nous obtenir les graces & les
secours qui nous font nécessaires. Faites, mon Dieu, que nous entrions dans
toutes ces vues par raport à vos Saints.
Donnez-nous des yeux chrétiens pour
considérer toutes les merveilles que vous
faites en eux, & que vous leur faites
faire. Ne permettez pas que nous regardions jamais d'une maniere humaine
ce qu'il y a de grand & d'admirable en
eux. Vous faites tout pour votre gloire ;
faites aussi que nous y rapportions tout :
que nous nous servions des ruisseaux
pour remonter à la source & de la beauté des copies pour admirer celle de l'o-
riginal. Donnez-nous pour les Saints
les sentimens de piété que nous devons
avoir : faites que nous les honorions
comme vos amis ; que nous les invo-
quions comme nos protecteurs : mais
quelque grand que soit leur mérite, ne

permettez pas qu'il attire jamais tout à
fait notre confiance au préjudice de
celle que nous vous devons. Il faut que
nous nous souvenions toujours que c'est
le Dieu d'Israel qui donne la force &
la vertu à son peuple ; que c'est lui qu'il
faut avant toutes choses invoquer & bénir ; & que c'est de lui qu'il faut at-
tendre la grace & le salut.

POUR LE TROISIÉME JOUR
DANS L'OCTAVE.

*Dieu a rendu saint Nicolas admirable
en sagesse.*

I. POINT.

COnsidérez que nous naissons tous
ignorans, sans lumiere, sans dis-
cernement, sans sagesse ; que les premieres années de notre vie se pas-
sent dans ce malheureux état, & que
rien n'est ni plus rare ni plus admirable que de voir de la sagesse dans un
enfant. Or c'est un privilége dont saint

Nicolas a été favorisé, & qui le rend
digne d'admiration. On peut lui appliquer ce que l'Écriture dit à la louange de Tobie que dans sa plus grande
jeunesse il ne fit rien paroître dans toute
sa conduite qui tint de l'enfance, & ce
que saint Gregoire dit de saint Benoit,
que dès ses premieres années on re-
marquoit en lui la sagesse d'un vieillard;
& que s'élevant au-dessus de son âge
par la maturité de ses mœurs, il ne
s'abandonna jamais à aucun plaisir. La
sagesse croissoit dans saint Nicolas avec
l'âge, & on la voyoit reluire dans tous
ses jugemens, dans tous ses conseils,
dans toutes ses actions. Tout ce qu'il
disoit, tout ce qu'il faisoit, tout ce qu'il
ordonnoit étoit si réglé & si concerté,
qu'il paroissoit bien que c'étoit l'esprit
de Dieu qui parloit, qui agissoit, & qui
gouvernoit en lui. Car sa sagesse n'étoit
pas cette sagesse du monde qui se conduit par des vues toutes humaines : mais
il étoit sage de cette sagesse chrétienne qui a l'esprit de Dieu pour principe & pour regle, & qui agit toujours

selon ses lumieres & ses impressions.
Que nous sommes éloignés de la sagesse
de ce grand Saint. Helas ! il étoit sage
comme un vieillard dès sa plus tendre
jeunesse ; & nous sommes enfans, pour
ainsi dire , jusques dans notre vieillesse.
Sa sagesse croissoit avec son âge ; & notre folie augmente avec nos années.
Grand Saint ! que Dieu a rempli de son
esprit de sagesse , obtenez-nous de lui
quelque écoulement de cette plénitude.

II. POINT.

Considérez que comme il y a une
sagesse chrétienne qui vient d'en haut,
& une sagesse du monde que l'Apôtre
saint Jacques appelle terrestre , animale,
diabolique ; aussi il y a une sainte enfance dont il ne faudroit jamais sortir,
& une enfance criminelle où l'on ne
devroit jamais entrer. S'occuper des
amusemens & des niaiseries du siécle ;
prendre les biens apparents pour les vé-
ritables ; ne juger & ne se conduire que
selon les sens ; suivre les inclinations de
la nature corrompue , c'est être enfant

d'une enfance que l'Ecriture condamne, & qu'elle appelle une véritable folie. Mais être humble, simple, innocent, sans finesse, sans malice sans ambition; avoir beaucoup de respect pour tout ce qui vient de Dieu, beaucoup de condescendance pour ses freres; n'aimer ni à faire valoir ses sentimens, ni à combatre ceux des autres; n'être point trop attaché à ses lumieres, mais les soumettre à celles de Dieu, les accommoder à celles des hommes; se reposer amoureusement dans le sein de Dieu, s'abandonnant à sa conduite & à celle de ceux qui gouvernent en son nom, c'est être enfant de l'enfance évangélique, & véritablement sage de la sagesse qui vient d'en-haut. Donnez-moi, Seigneur, cet esprit de simplicité & d'innocence, ce cœur des enfans évangéliques à qui vous vous plaisez de vous communiquer, que vous recevez avec plaisir, & que vous embrassez avec tendresse : mais préservez-moi d'une simplicité qui me feroit dégénérer de la véritable; & qui m'exposant sans dé-

fenſe à la tentation du ſerpent, me met-
troit en danger d'être ſéduit par ſes ar-
tifices. Pour ne pas me laiſſer ſurpren-
dre par le ſerpent, faites que je joigne
toujours à la ſimplicité de la colombe la
prudence du ſerpent ; que ſuivant l'avis
de votre Apôtre, je ſois ſimple dans le
bien ; ignorant tout ce qui peut m'y conduire : ſage comme un vieillard par la
maturité, le diſcernement, & la bonne
conduite ; ſimple comme un enfant par
la docilité, la candeur & l'innocence.

POUR LE QUATRIÉME JOUR
DANS L'OCTAVE.

*Dieu a rendu ſaint Nicolas admirable
en pénitence.*

I. POINT.

COnſidérez que ce qui rend admirable la pénitence de ſaint Nicolas,
c'eſt l'innocence de ſa vie, & ſon auſté-
rité. Il a toujours vêcu dans une grande innocence, & cependant il s'eſt trai-

té comme s'il avoit été un grand pécheur.
Appliquons lui ce que saint Bernard
dit au sujet de la pénitence de saint Jean
Baptiste dans le désert. Quels crimes ce
saint Précurseur punissoit-il en sa personne, vivant d'une maniere si austere, lui
qui a eu le bonheur de naître sans péché, & dont la vie a toujours répondu
à la naissance ? Quels crimes saint Nicolas expioit-il en lui-même par les jeûnes & les autres austérités de la pénitence qu'il a pratiquées depuis son enfance jusqu'à sa mort, lui qui a, pour
ainsi dire, sucé la piété avec le lait,
& qui a toujours conservé l'innocence
dont il a été revêtu dans son Baptême ?
Oh ! que de tels exemples doivent être
d'un grand poids pour nous porter à
nous humilier, & de pressans motifs
pour nous animer à la pénitence. Comparons notre vie & notre pénitence
avec la vie & la pénitence de ces
deux grands Saints, & rougissons d'y
trouver si peu de conformité. Helas !
c'étoient des Saints dont la vie étoit
exempte de péché, & pleine de bonnes

œuvres ; & qui cependant portoient tout le poids de la pénitence, souffrant de bon cœur tout ce qu'elle a de pénible & d'humiliant, & mortifiant sans cesse leur corps & leur esprit ; au lieu que nous menons une vie pleine de péchés & vuide de bonnes œuvres ; & cependant nous ne sçavons ce que c'est que de nous mortifier ; nous fuyons jusqu'aux moindres peines de la pénitence, & nous ne cherchons qu'à mener une vie douce & commode. Excitons-nous à la vue de ces saints pénitens. Armons-nous de zéle contre nous-mêmes pour les intérêts de Dieu : ne nous pardonnons rien afin qu'il nous pardonne tout. Plus nous aurons de dureté pour nous punir, plus il aura de tendresse pour nous pardonner.

II. POINT.

Considérez que saint Nicolas tâchoit d'imiter dans sa pénitence celle de JE-SUS-CHRIST. Il n'y eut jamais ni d'innocence si parfaite, ni de pénitence si rigoureuse que celle de ce divin Sauveur. Il étoit la Sainteté même, incapable du moindre péché ; cependant quelles peines, quelles humiliations n'at-il pas souffert ? c'eſt qu'il expioit en ſa perſonne les péchés de tous les hommes, & qu'il payoit des dettes qu'il ne devoit que parce qu'il s'étoit rendu caution. On ne peut pas dire tout-à-fait la même choſe de notre grand Saint. Il n'étoit à beaucoup près ni ſi ſaint, ni ſi pénitent que notre Sauveur. Ce que l'on peut dire, c'eſt qu'il n'avoit point commis de crimes pour leſquels il fût obligé de faire pénitence ; mais qu'il la faiſoit par reconnoiſſance pour rendre en quelque maniere à Jesus-Christ ce que ce divin Sauveur avoit payé pour lui ; & par charité pour expier en ſa perſonne les péchés des peuples qui lui étoient commis, & dont il ſe regardoit comme la caution. Imitons ſaint Nicolas, comme ſaint Nicolas a imité Jesus-Christ. Tâchons par notre pénitence de rendre à notre Sauveur ce qu'il a payé pour nous par la ſienne ; & de ſatisfaire non ſeulement pour nos péchés, mais encore pour ceux des autres. Il suffit à tout Chrétien d'être pécheur pour être obligé de faire pénitence; mais il ne suffit pas à un Religieux d'être innocent pour en être dispensé. Quand nous serions assez heureux pour avoir conservé notre innocence baptismale, notre entrée en Religion nous imposeroit cette obligation. Car le Cloître, dit un célebre Auteur, est une prison qui fait des coupables de ceux qui ont conservé leur innocence aussi bien que de ceux qui l'ont perdue. Quelque juste que l'on soit, on prend le rang & la qualité de pécheur dès que l'on entre en Religion; comme JESUS-CHRIST s'est mis au rang des pécheurs, en se revêtant de leur ressemblance. *Si vous sçaviez, mon fils, quelle est l'obligation d'un Moine,* disoit saint Bernard à un de ses Religieux, *vous ne mangeriez pas un morceau que vous n'arrosassiez de vos larmes; car nous entrons dans le Monastere pour y pleurer nos péchés & ceux du peuple. En mangeant le pain qu'ils nous ont préparé par leurs travaux, nous mangeons, pour ainsi*

dire, leurs péchés, & nous contractons l'o-
bligation de les pleurer comme les nôtres
propres. Ainsi quelqu'innocens que nous
puissions être, il n'y a point de peine
que nous ne devions être prêts de souf-
frir : mais si nous joignons à cela les
péchés dont nous nous sentons coupables, y aura-t-il de pénitence, quelque
rigoureuse qu'elle puisse être, qui ne
doive nous paroître légere, & que nous
ne devions embrasser de bon cœur.

POUR LE CINQUIÉME JOUR
DANS L'OCTAVE.

Dieu a rendu saint Nicolas admirable
en esprit de pauvreté.

I. POINT.

Considérez que rien n'est ni plus
rare, ni plus admirable que d'être
riche sans aimer les richesses, & de
posséder de grands biens sans y avoir
le cœur attaché. C'est ce qui parût
dans ce jeune homme, qui ayant gar-
dé

dé tous les commandemens de Dieu
dès sa jeunesse, devint tout triste quand
JESUS-CHRIST lui proposa de ven-
dre tout ce qu'il avoit, & de le donner
aux pauvres : parce que comme le remarque l'Evangile, il étoit extrêmement
riche. C'est que rien n'est plus difficile
que de déraciner du cœur la cupidité
des biens périssables; & que dans la
pensée d'un célebre Auteur, c'est un
plus grand miracle que d'arracher une
montagne du sein de la terre. C'est ce
grand miracle que saint Nicolas a fait
en sa personne par le détachement dans
lequel il a toujours vécu par rapport
aux biens qu'il possédoit ; par la maniere chrétienne dont il en a usé ; &
par le renoncement qu'il en a fait. Si
le Sage parle avec éloge & avec admiration d'un homme qui n'a point
couru après l'or, & qui n'a point mis
sa confiance ni dans ses trésors, parce, dit-il, qu'il a fait des choses merveilleuses durant sa vie : combien plus
doit-on louer & admirer notre Saint
qui n'a eu que du mépris pour ces for-

Y

tes de biens ; & qui les a répandus avec profusion pour soulager les pauvres , pour sauver l'honneur des Vierges , & pour procurer le salut des pécheurs. Être pauvre, dit saint Bernard, n'est pas une vertu ; mais c'en est une d'aimer la pauvreté. Or c'est ce que saint Nicolas a fait d'une maniere admirable ; c'est en quoi nous devons tâcher de l'imiter. Aimons notre état de pauvreté , estimons-le plus que tous les trésors du monde ; souffrons volontiers les incommodités qui y sont attachées , & souffrons-les par un esprit de pieté & de religion.

II. POINT.

Considérez que ce qui rendoit la pauvreté si aimable & si précieuse à saint Nicolas, c'est l'estime & l'amour que notre divin Sauveur a toujours témoigné pour elle. Il est descendu du Ciel, dit saint Bernard , pour la chercher : il a donné toutes ses richesses pour l'acquérir. Il l'a proposée comme le fondement de la perfection , comme

le premier pas qu'il faut faire pour le
suivre, comme le prix de son royaume.
Enfin il a voulu devenir pauvre, & faire
de sa pauvreté un trésor public, où
chacun peut puiser & s'enrichir par la
pratique d'une pauvreté semblable. Oh!
que nous serions riches en effet, si nous
faisions de notre pauvreté l'usage qu'il
faisoit de la sienne, & si nous la pra-
tiquions avec le même amour, le même zele, & la même pieté! Que nous
serions heureux si nous étions pauvres
comme il l'a été! Dieu se déclare le
pere, le protecteur, & le sauveur des
pauvres: y a-t-il de condition plus douce, plus sûre, plus glorieuse que la leur?
Plus douce, par le soin qu'il en prend;
plus sûre, par le secours qu'il leur donne; plus glorieuse, par l'estime qu'il
en fait, & les louanges qu'il leur donne. Qu'il est doux de se reposer dans
le sein de la providence! qu'il est sûr
de vivre à l'abri de sa protection! qu'il
est glorieux d'être estimé & honoré de
son Dieu! c'est l'avantage des pauvres;
mais il faut qu'ils le soient véritable-

ment, & comme saint Nicolas l'a été, ne tenant rien, ne désirant rien ; vuides d'eux mêmes, affamés de Dieu & de ses biens.

POUR LE SIXIÉME JOUR DANS L'OCTAVE.

Dieu a rendu saint Nicolas admirable en vertu.

I. POINT.

COnsidérez que, selon la remarque de saint Bernard, ce n'est pas une chose fort considérable, ni fort extra-ordinaire, d'être humble lorsque l'on est dans le mépris & dans l'abjection ; mais que rien n'est ni plus rare, ni plus admirable que de l'être, quand on est estimé & honoré de tout le monde. Or, telle étoit l'humilité de saint Ni-colas. Plus il éclatoit dans le monde par sa vertu & sa piété, plus cela lui attiroit l'estime & les applaudissemens des hommes : mais c'étoit cela même qui lui étoit insuportable, & ce qui l'obligea de sortir de son pays ; & de s'aller cacher afin de vivre inconnu, & de n'avoir plus que Dieu pour témoin de ses actions. Mais Dieu qui de tout tems a pris plaisir à confondre l'orgueil des superbes, & à couronner la piété des humbles, prit lui même le soin de le découvrir, & de l'élever sur le chandelier de l'église, en le faisant élire Evêque du lieu même où il prétendoit se cacher. Humilions - nous comme saint Nicolas, & laissons à Dieu le soin de notre élévation. Aimons la vie cachée, tenons-nous dans notre néant. Méprisons & fuyons l'estime & les applaudissemens des hommes. Hé ! que nous importe de plaire au monde ? ou plûtôt quel intérêt n'avons - nous pas de lui déplaire, puisqu'on ne peut lui plaire sans déplaire à Dieu, ni rechercher les bonnes graces des hommes sans s'exposer à perdre les siennes ? Donnez-moi, Seigneur, une complaisance de charité qui ne s'étudie à plaire aux hommes que par rapport à vous,

& ne permettez pas que j'en aie jamais au préjudice de ce que je vous dois; ni que pour m'attirer leur estime, je m'expose à perdre la vôtre.

II. Point.

Considérez que l'humilité a été le fondement de l'élévation de saint Nicolas. C'est par cette vertu qu'il a mérité d'être Evêque, & qu'il a obtenu les graces nécessaires pour remplir les devoirs de l'Episcopat. Il a rendu illustre son ministere, non en dominant sur l'héritage du Seigneur, mais en se rendant le modéle de son troupeau par une vertu qui naissoit du fond du cœur, & qui se répandoit sur toute sa conduite. Il étoit le modéle de son troupeau; mais il regardoit JESUS-CHRIST comme son modéle; & il mettoit toute son étude & toute son application à le copier, à l'imiter, à se conduire en tout selon son esprit. Ce grand Saint regloit son humilité sur celle de ce divin Sauveur. Il sçavoit que ce Prince des pasteurs n'étoit pas venu pour être fervi ; mais pour fervir. C'eft ce qui le portoit à regarder fa dignité comme une fervitude, & fa perfonne comme un efclave qui étoit obligé de confacrer fes travaux, fes biens, fon tems, fes foins, fon repos au fervice de fon troupeau. Mais fi le fouverain pafteur & fes miniftres ont des fentimens fi humbles & fi modeftes, conviendra-t-il à de fimples fideles d'en avoir de vanité, d'ambition & d'orgueil ? L'humilité eft de tous les états ; elle convient à tous. Les Saints l'ont regardé comme la voie du falut, la porte de la vie, l'échelle du Ciel, le fondement de la piété, l'abregé de l'évangile, la perfection du Chrétien & du Religieux, & l'accompliffement de toute juftice. Faites, Seigneur, que nous la regardions de même ; & que la vue de toutes ces belles qualités nous en infpire l'amour, & nous engage à en embraffer la pratique.

POUR LE SEPTIÉME JOUR DANS L'OCTAVE.

Dieu a rendu saint Nicolas admirable en pureté.

I. POINT.

Considérez que quand nous n'aurions point d'autres preuves de la pureté de saint Nicolas, que le choix miraculeux que Dieu en a fait pour l'élever à l'Episcopat, nous serions bien fondés de croire qu'il a toujours été pur de corps & d'esprit. Car si Dieu ne permettoit point que l'on choisît personne pour remplir cette dignité qui ne fût irréprochable, comment l'auroit-il fait choisir lui-même, s'il avoit vû en lui quelque défaut de pureté qui l'en eût rendu indigne. Mais ce qui marque encore le grand amour de saint Nicolas pour cette vertu; & son extrême soin de la conserver en sa per-

sonne

fonne, c'eſt le zele qu'il avoit pour procurer & pour conſerver celle des autres. Tout le monde ſçait ce qu'il fit pour ſauver l'honneur de trois jeunes filles que leur pere étoit ſur le point de proſtituer, & quelque ſoin qu'il ait pris de rendre cette action ſecrette, Dieu n'a pas permis qu'elle ſoit demeurée dans l'obſcurité, ni que ce grand Saint ait été privé de l'honneur qui lui en étoit dûe, ni l'Egliſe de l'édification qu'elle en devoit recevoir. Mais ſi ſaint Nicolas avoit tant de zele pour ſa pureté & pour celle des autres dans le tems qu'il étoit un ſimple laïque, combien plus en eut-il lors qu'il fut évêque. Il ſe conſideroit comme l'ange de ſon Egliſe, & ſon Egliſe comme une chaſte vierge qu'il avoit fiancée à JESUS-CHRIST, & dont la pureté étoit commiſe à ſes ſoins; & cette double conſidération le rendant ſaintement jaloux par rapport à ſa pureté & à celle de ſon Egliſe, l'engageoit à ne rien négliger de ce qui pouvoit contribuer à ſa conſervation, & à éloigner tout ce

Z

qui étoit capable d'y donner quelque
atteinte. Donnez-nous, Seigneur, des
sentimens conformes à ceux de ce grand
Saint. Faites que nous regardions nos
ames comme vos épouses, & que cette vue nous oblige à veiller sans cesse
sur leur pureté. Hélas ! serions-nous
assez purs pour des Anges, serions-nous
assez purs pour un Dieu qui est la pureté même ?

II. Point.

Considerez que c'est avec bien de la
raison & de la justice que saint Nicolas aimoit & estimoit si fort la pureté, & qu'il prenoit un si grand soin de
la conserver ; puisque rien n'est plus digne de notre amour & de notre estime ; & que rien n'est plus difficile à
conserver ; rien n'est plus facile à perdre. C'est de toutes les vertus la plus
belle, la plus douce, la plus précieuse,
mais en même tems la plus délicate &
la plus fragile. O combien est belle la
race chaste lorsqu'elle est jointe à l'é-
clat de la vertu, s'écrie le sage, sa mé-

moire, ajoûte-t-il, est immortelle, &
elle est en honneur devant Dieu &
devant les hommes. Elle est d'une
beauté à charmer tous les cœurs ; &
d'une telle douceur par la paix & les
saintes délices qu'elle fait gouter à l'a-
me, que les Saints l'ont appellée la
tranquillité de l'ame, & l'extinction
de toutes les passions. Enfin elle est si
précieuse, qu'elle est le prix d'un bonheur & d'une gloire sans fin ; qu'elle
se fait estimer, honorer & admirer de
ceux-là même qui ne sçauroient la pra-
tiquer ; & que, selon l'Ecriture, tout
ce qu'il y a de plus précieux & de plus
estimable n'est rien en comparaison
d'une personne chaste. Considerons la
donc comme notre trésor, & ne né-
gligeons rien de tout ce qui peut nous
en assurer la possession. Souvenons-nous
que nous portons ce trésor dans des
vases de terre, & que cela demande
de notre part une continuelle vigilance
& une grande circonspection. Souvenons-nous encore que nous avons affaire à un ennemi qui tourne sans cesse

autour de nous pour nous surprendre, & qui tâche de corrompre nos sens par l'usage déréglé des créatures, & notre esprit, en l'en occupant. Combattons-le par la mortification de nos sens, & par l'attention de notre esprit : mais attendons du secours du Ciel tout le succès de notre attention & de notre combat. Seigneur, veillez avec nous, & nous ne craindrons point d'être surpris. Combattez avec nous, & nous serons assurés de la victoire, parce que combattre & vaincre ne sont en vous qu'une même chose.

POUR LE JOUR
DE L'OCTAVE.

Dieu a rendu saint Nicolas admirable en charité.

I. POINT.

COnsiderez que de toutes les vertus chrétiennes, celle qui est la plus nécessaire à un pasteur c'est la charité

telle que l'Apôtre la dépeint , naissant
d'un cœur pur, d'une bonne conscience
& d'une foi sincere. Car ce n'est pas
sans dessein que JESUS-CHRIST vou-
lant donner le soin de son troupeau à
saint Pierre , lui demande à trois différentes reprises , s'il l'aime plus que ne
font les autres. C'est dans le sens de
saint Bernard : comme s'il lui avoit dit :
Si votre conscience ne vous rend témoignage, que vous m'aimez d'un véritable & parfait amour ; c'est-à-dire
plus que vos biens , plus que vos proches ,
plus que vous-même , vous ne devez
point vous charger du soin de mon troupeau , ni vous ingérer de conduire mes
brebis. Cette parfaite & si éminente
charité pour JESUS-CHRIST a éclaté
dans saint Nicolas , puisqu'il a renoncé
à ses biens , à ses proches , à son pays
& à soi-même , pour l'amour de ce divin Sauveur. La charité pastorale n'a
pas seulement Dieu pour objet , elle
regarde encore le prochain , & renfer-
me l'obligation de paître le troupeau
qui lui est commis. C'est aussi un de-

voir dont notre Saint s'est acquité d'une maniere admirable, en paissant son troupeau par ses instructions, par ses exemples & par le fruit de ses prieres. Il étoit tout à Dieu & tout à son troupeau pour Dieu : mais n'étoit rien pour lui-même, oubliant en tout ses propres interêts, & ne se recherchant en rien, se regardant comme un vase perdu, & un homme qui n'étoit bon à rien. Oh ! que c'est une heureuse perte que de se perdre de la sorte. S'oublier soi-même dans tout ce que l'on fait, & ne penser qu'à plaire à Dieu & à ses freres, c'est se sauver en se perdant.

II. POINT.

Considerez-que la charité n'est pas une vertu qui soit particuliere aux Pasteurs ; elle est nécessaire à tous les fidéles ; tous sont obligés d'aimer Dieu & le prochain. Aussi saint Nicolas s'est toujours acquitté de ce devoir avec une fidélité admirable, & nous devons tâcher de nous y rendre fidéles comme lui. Le commandement d'aimer Dieu est le premier & le plus grand des commandemens : que nos premiers & nos principaux soins soient donc de l'accomplir. Ramassons tout ce qu'il y a en nous d'ardeur, d'affection & de tendresse, & tournons tout cela du côté de Dieu. Consacrons-lui toutes les pensées de notre esprit, tous les mouvemens de notre cœur, toutes les actions de notre vie, & soyons persuadés que nous ne sçaurions jamais aimer Dieu ni autant qu'il est aimable, ni autant qu'il nous a aimé. Mais en vain prétendrions-nous satisfaire à l'obligation d'aimer Dieu, si nous manquons d'aimer notre prochain. Ces deux amours sont inséparables & se renferment l'un l'autre. Il faut que l'amour de Dieu soit le principe & le motif de l'amour du prochain ; & que l'amour du prochain soit l'effet & la preuve de l'amour de Dieu. Ce sont-là, mon Dieu, les deux grands commandemens qui renferment toute votre loi, pour lesquels nous avons besoin de votre grand secours. Commandez-nous, Seigneur, tout ce que vous voudrez : mais donnez-nous ce que vous nous commandez. Vous nous commandez de vous aimer ; donnez-nous pour vous un amour qui soit ardent, tendre, souverain, agissant, qui vous rende le maître de notre cœur, & qui nous fasse faire avec plaisir tout ce que vous demandez de nous. Vous nous commandez d'aimer notre prochain, donnez-nous pour lui une charité telle que la dépeint votre Apôtre, qui soit humble, douce, bienfaisante, sincere, prudente ; en un mot, donnez-nous pour lui un amour semblable à celui que vous avez eu pour nous.

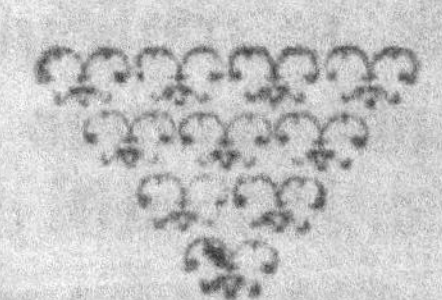

PRÉFACE
POUR LE JOUR
DE LA TOUSSAINTS.

Verè dignum & justum est, æquum & salutáre, nos tibi semper & ubique gratias ágere, Dómine sancte, Pater omnipotens, æterne Deus ; qui glorificáris in concílio Sanctórum ; & eórum coronándo mérita, corónas dona tua : qui nobis in eórum præbes, & conversatióne exemplum, & communióne consórtium, & intercessióne subsídium : ut

IL est véritablement juste & raisonnable, il est équitable & salutaire de vous rendre graces en tout rems & en tout lieu, Seigneur très-saint, Pere Tout-puissant, Dieu éternel, qui êtes glorifié dans l'assemblée des Saints, & qui en couronnant leurs mérites, couronnez vos dons ; qui nous donnez dans la vie sainte qu'ils ont menée, des modéles que nous avons à suivre ; dans la communion avec eux, une association qui tourne à notre avantage ; dans leur intercession pour nous, des protecteurs sensibles à nos besoins ; afin qu'étant environnés d'une si grande foule de témoins, nous courions par la patience dans la carriére qui nous est ouverte, & que nous recevions avec eux cette couronne de gloire qui ne se flétrit point, & que nous attendons par Jesus-Christ notre Seigneur, dont le sang nous donne entrée au royaume éternel. C'est par le même Jesus-Christ que les Anges adorent en tremblant votre Majesté suprême, & que tous les chœurs des Esprits célestes célebrent vos louanges dans les transports d'une sainte joie, faites que nous unissions nos voix à celles de ces esprits bienheureux, pour chanter avec eux : Saint, &c.

tantam habentes impósitam nubem testium, per patiéntiam currámus ad propósitum nobis certámen, & cum eis percipiámus immarcessíbilem glóriæ corónam ; per Jesum Christum Dóminum nostrum, cujus sánguine ministrátur nobis intróitus in æternum regnum ; per quem majestátem tuam treméntes adórant Angeli, & omnes spirituum cælestium chori sociâ exultatióne concélebrant. Cum quibus & nostras voces ut admitti júbeas deprecámur, supplici confessióne dicéntes Sanctus, sanctus, sanctus.

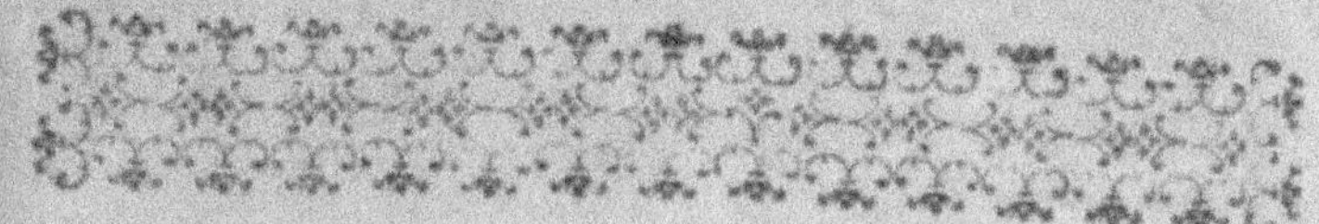

TABLE

De ce qui est contenu en ce Livre.

FIN.

PRÉFACE
DE L'AVENT.

Verè dignum & justum est, æquum & salutáre, nos tibi semper & ubique grátias ágere, Dómine sancte, Pater omnípotens, ætérne Deus, per Christum Dóminum nostrum ; quem perdito hóminum géneri salvatórem miséricors & fidélis promisísti; cujus véritas instrúeret ínscios, sanctitas justificáret impios, virtus adjuváret infirmos. Dum ergo propè est ut véniat quem missúrus es, & dies affulget li-

IL est véritablement juste & raisonnable, il est équitable & salutaire de vous rendre graces en tout tems & en tout lieu, Seigneur très-saint, Pere tout-puissant, Dieu éternel, par Jesus-Christ notre Seigneur ; que vous avez promis, ô Dieu de miséricorde, & fidéle dans vos promesses, pour être le Rédempteur du genre humain perdu par le péché ; afin que sa lumière divine éclairât nos ténébres ; que sa sainteté nous purifiât de nos iniquités, & que sa force aidât notre foiblesse. Maintenant donc que les tems approchent, où celui que vous devez envoyer va venir, & que le jour de notre délivrance commence déja à se montrer à nos yeux ;

dans cette pleine confiance où nous sommes de l'exécution de vos promesses, nous nous livrons aux saints transports de joie, que la piété nous inspire. C'est pourquoi nous nous unissons aux Anges & aux Archanges, aux Trônes, aux Dominations, & à toute l'armée céleste, pour chanter un cantique à votre gloire, en disant sans cesse : Saint, Saint, Saint, &c.

beratiónis nostræ; in hâc promissiónum tuárum fide piis gaudiis exultámus. Et ideò cum Angelis & Archángelis, cum Thronis & Dominatiónibus : cumque omni milítiâ cœlestis exércitûs, hymnum glóriæ tuæ cánimus, sine fine dicentes : Sanctus, Sanctus, &c.

Antienne à la Vierge pendant l'Avent.

BIenheureuse Mere du Rédempteur, vous dont l'intercession est un puissant secours pour nous ouvrir les portes du Ciel, & pour nous faire éviter les écueils de cette mer orageuse du monde; aidez de vos prieres ce peuple qui veut se relever de ses chûtes, vous qui par un miracle dont la nature a été étonnée, avez en-

ALma Redemptóris Mater, quæ pervia cœli porta manes, & stella maris, succurre cádenti, súrgere qui cúrat, pópulo : tu quæ genuísti, naturâ mirante : tuum sanctum genitórem : Virgo priùs

ac postérius ; Gabriélis ab ore sumens illud Ave, peccatórum miserére.

℣. Deus in médio ejus.

℟. Non commovébitur.

O R E M U S.

GRatiam tuam, quæsumus, Dómine, méntibus nostris infunde : ut qui, Angelo nuntiante, Christi filii tui incarnatiónem cognóvimus, per passionem ejus & crucem ad resurrectiónis glóriam perducámur ; Per eumdem Christum.

fanté votre Créateur, est demeurant Vierge devant & après l'enfantement ; vous qui par la bouche de l'Ange Gabriel avez reçu cette salutation si glorieuse pour vous, & si salutaire pour le genre humain, aiez pitié des pécheurs.

℣. Dieu est au milieu d'elle.

℟. Elle ne sera point ébranlée.

P R I O N S.

REpandez, s'il vous plaît, Seigneur, votre grace dans nos ames ; afin qu'ayant connu par le ministère de l'Ange l'Incarnation de Jesus-Christ votre Fils, nous puissions parvenir à la résurrection glorieuse, par les mérites infinis du même Jesus-Christ notre Seigneur.

℟. Ainsi soit-il.

REine du Ciel, entrez dans de saints transports de joie ; puisque celui que vous avez eu le bonheur de porter dans votre sein, est ressuscité comme il l'avoit dit : demandez pour nous à Jesus - Christ ressuscité, que nous puissions recueillir le fruit de sa résurrection.

℣. Seigneur, vous m'avez remplie d'une sainte joie.

℞. Afin que je mette toute ma gloire à chanter vos louanges.

PRIONS.

O Dieu, qui avez bien voulu donner aux hommes une joie sainte par la résurrection de votre Fils notre Seigneur Jesus-Christ : faites, s'il vous plaît, qu'étant aidés des priéres de sa sainte Mere la Vierge Marie, nous participions à la joie d'une vie éternelle & bienheureuse ; Par le même J. C. N. S.

REgína Cœli, lætáre, allelúia ; Quia quem meruísti portáre, allel. Resurrexit sicut dixit, allelúia. Ora pro nobis Deum, allelúia.

℣. Circumdedisti me lætítiâ, Dómine.

℞. Ut cantet tibi glória mea.

OREMUS.

DEus, qui per Resurrectióné Fílii tui Dómini nostri Jesu-Christi mundum lætificáre dignátus es : præsta, quæsumus, ut per ejus genitrícem Virginem Máriam perpétuæ capiámus gaudia vitæ ; Per, &c.